谋定天下 系列

谋吞六国
秦朝开国奇谋

姜若木 编著

台海出版社

图书在版编目（CIP）数据

谋吞六国：秦朝开国奇谋 / 姜若木编著 . –北京：
台海出版社，2013.7
　　ISBN 978-7-5168-0222-9

　　Ⅰ. ①谋… Ⅱ. 姜… Ⅲ. ①中国历史-秦代-通
俗读物　Ⅳ. ①K233.09
　　中国版本图书馆CIP数据核字（2013）第149867号

谋吞六国：秦朝开国奇谋

编　　著：姜若木

责任编辑：王　艳　　　　　　　　装帧设计：候　泰
版式设计：姚　雪　　　　　　　　责任印制：蔡　旭

出版发行：台海出版社
地　　址：北京市劲松南路1号，邮政编码：100021
电　　话：010-64041652（发行，邮购）
传　　真：010-84045799（总编室）
网　　址：www.taimeng.org.cn/thcbs/default.htm
E-mail：thcbs@126.com
经　　销：全国各地新华书店
印　　刷：北京柯蓝博泰印务有限公司
本书如有破损、缺页、装订错误，请与本社联系调换
开　　本：710×1000　1/16
字　　数：215千字　　　　　　　　印　　张：16.5
版　　次：2013年10月第一版　　　　印　　次：2013年10月第一次印刷
书　　号：ISBN978-7-5168-0222-9
定　　价：33.00元

前　言

　　在中国的历史长河中，秦朝有着非常重要的意义。它不仅仅结束了自春秋起500多年的分裂局面，而且也是中国历史上第一个中央集权的封建制国家。然而，一个国家的成长和强盛是曲折坎坷的，秦国的开国同样如此。那么，就让我们走进充满神秘色彩的大秦帝国，看看它是怎样从一个无名小卒成长为威震四海的强国的？

　　任何一个国家的诞生都会有自己的传说，对于秦国而言，它也有着美丽的神话，那就是玄鸟传说。正是这个传说，昭示了嬴姓的起源。虽然这类传说很多时候不可信，但是依然有着无穷的魅力。最初的秦人是养马出身，由于他们擅长养马，最后被君王重用，于是便开始有了秦氏的产生。随着天下大势的变化以及秦人的勤劳勇敢，一个新的小国——秦国，在乱世中诞生了，尽管国小力弱，但是它却坚强地屹立在天地之间。

　　秦国（非秦帝国）建立后，经过秦襄公的努力，国力已经有所增强，到了秦文公时期，正式奠定了基业。后来，又经过秦穆公、秦孝公、秦惠文王、秦武王等数代君王的励精图治，秦国的国力大大增强。在这个过程中，秦国君王广纳贤才，全力改革，并且采用了谋臣们的计策削弱六国。很快，秦国便成为战国七雄中不可忽视的力量，甚至席卷战国风云。

　　在秦国的历史上，有无数的能臣干将。然而，这其中有一个人必须要大写特写，他就是吕不韦。吕不韦既是一个商人，也是一个深谙政治谋略的人。可以说，正是在他的努力下，才有了后来秦帝国的建立。他在成功将子楚送上王位之后，自己也成为权倾朝野的丞相。在他当政期间，不管是在文治还是在武功方面，都取得了卓越的成果，并且还有《吕氏春秋》传世。这些都为后来秦国的进一步壮大作了准备。

秦庄襄王去世后，嬴政即位。虽然即位之初的秦王嬴政尚小，朝政都由吕不韦把持，但是随着年龄的增长，嬴政很快就表现出了出色的政治才能。在长期的隐忍当中，他终于找到了施展自己才能的机会，在平定嫪毐叛乱之后，又富有谋略地除掉了吕不韦，显示出了帝王的风范。在扫除了这些障碍之后，秦王嬴政将国家大权尽揽己手。随后，他便开始了他的宏图大业——统一全国。在这个过程中，他重用了李斯、蒙恬、王翦、尉缭等文臣武将，逐步实现自己的统一大业。

统一全国的过程，其实主要就是要消灭六国。秦王嬴政在对天下大势做了正确、全面的分析之后，便开始了他鲸吞六国的计划。随着战争的开始，秦国逐步消灭了六国，实现了中国的统一，结束了自战国以来的分裂和混战的局面。然而，这个过程也是艰难和曲折的。但不管怎样，它是中国历史上一件惊天动地的大事。

一统四海之后，秦王嬴政开始内修国政，外御强敌。在国政方面，秦王嬴政做的第一件事就是自称始皇，随后，为了加强中央集权，他又对全国的度量衡、货币、文字以及道路做了统一和规范。不仅如此，为了控制百姓的思想，他还做了一件招致无数骂名的事情——焚书坑儒。在外御强敌方面，秦始皇击退了匈奴，平定了百越叛乱。这些使得秦帝国得到了短暂的安定。

本书主要从八个方面，按照时间和历史发展的顺序，讲述了秦国的发展历史以及后来大秦帝国的建立过程，既有史学典籍的记载和评论，增强了内容的真实性，也有一些传说，增强了本书的趣味性。走进本书，相信你不仅能够看到里面精彩的故事，更能够从一个国家建立的过程中感悟到一些深层的意义。

目 录

第一章　逐日族群，做大有道

> 在中国的历史上，秦国是一个充满了神秘色彩的诸侯国。追史溯源，在当时纷乱的局势下，秦国是怎样在一个养马小卒的努力下，逐步成长壮大起来，并且建立自己的国家的呢？这一系列的问题，都需要我们走进秦国的发展史。我们只有了解了这些历史，才会对秦国有一个更加准确的认识。

第二章 几代打拼，渐趋强盛

在秦襄公的努力下，终于建立了秦国。然而，这仅仅是一个新的开始。秦国要想强大起来，还需要一个漫长的过程。随后，经过秦文公、秦穆公、秦孝公、秦惠文王、秦武王等数代君王的打拼，秦国的国力日渐强盛。他们知人善任，励精图治，在秦国的势力可以和其他六国相抗衡的时候，又开始采取谋略，削弱六国，为后来秦国统一六国打下了坚实的基础。

第三章 不韦投资，政治博弈

吕不韦（？—公元前235年），战国末期卫国濮阳（今河南濮阳）人。他出身商人世家，后成为富甲一方的巨贾。在他的努力下，异人（子楚）成功地登上了王位，而自己也成为秦庄襄王时期的权相。他掌权十三年，依靠杂家思想，在文治武功方面都取得了卓越的成绩。同时，他还主持编纂了《吕氏春秋》（又名《吕览》）一书，流传至今。

第四章　嬴政即位，发威收权

秦庄襄王去世之后，十三岁的嬴政即位。由于秦王嬴政年龄尚小，便由吕不韦辅政。此时的吕不韦手握大权，操持朝政，秦王嬴政只能忍气吞声。随后，国中又出现了嫪毐乱政，此时已经成年的嬴政果断地平定了叛乱，并且乘机收权，罢免了吕不韦。在这个过程中，秦王嬴政表现出了卓越的帝王之术。此后，秦国便在秦王嬴政的治理下，更加强盛。

第五章　重用人才，志在天下

秦王嬴政亲自摄政之后，便开始逐步实现自己统一六国的远大抱负。嬴政重用李斯、蒙恬、王翦、尉缭等人才，尽管很多都不是秦国人，但是他依然敢于委以重任，使得天下贤才多来相投。在这些文臣武将的共同努力下，秦国的实力如日中天，统一六国的谋略也开始付诸实施，并取得了重大的进展。

第六章　鲸吞六国，一统四海

秦王嬴政在对六国形势做了认真分析之后，采用谋臣的计策，在时机成熟的时候终于开始了鲸吞六国的行动。尽管这个统一的过程异常艰难、坎坷，甚至出现反复，但是，秦军并没有退缩，而是越打越强。在消灭了韩国、赵国、魏国、燕国、楚国、齐国之后，终于结束了自春秋以来的分裂局面。

第七章　内修国政，强化集权

秦王嬴政统一六国之后，为了避免分裂的局面再次出现，便采取强化集权的举措。在这个过程中，他做的第一件事就是自称始皇帝。随后，又在谋臣的建议下，实行郡县制度，并且统一了度量衡，规范了文字和货币，在中国历史上划下了重重的一笔。不仅如此，秦始皇还修筑了直道等，便利了全国的交通，然而，这个时期的焚书坑儒却是让天下士人所痛恨的，也是秦始皇一大败笔。

第八章　外服蛮夷，开拓疆土

秦始皇虽然已经统一六国，然而，很多地方依然有反秦势力，不仅如此，北方的匈奴和南方的百越更是威胁国家安定的巨大忧患。于是，为了开拓疆土，巩固边防，秦始皇又开始了北击匈奴、平定百越的战争。同时，还修筑了长城阻击匈奴南下，这些举措为民族的统一起到了巨大的作用。

谋吞六国

秦朝开国奇谋

第一章
逐日族群，做大有道

在中国的历史上，秦国是一个充满了神秘色彩的诸侯国。追史溯源，在当时纷乱的局势下，秦国是怎样在一个养马小卒的努力下，逐步成长壮大起来，并且建立自己的国家的呢？这一系列的问题，都需要我们走进秦国的发展史。我们只有了解了这些历史，才会对秦国有一个更加准确的认识。

养马出身，赢秦出世

　　大禹治水的成功与他的聪明和勤奋有很大关系，但也离不开属下的鼎力支持。禹有两个重量级的手下，即后稷和伯益。这二人堪称禹的左膀右臂，如果没有他们的帮助，禹也难成大业。

　　伯益之所以能被禹看中并招致麾下，正是由于他的才干和知识。最初的秦人对山川沼泽和鱼虫鸟兽有着特殊的洞察力。作为秦人的领袖，伯益对东部地区的山川形貌了然于心，这些知识对禹来说是无价之宝。

　　禹因治水成功建立了不世功勋。舜要重赏禹，禹很谦虚地说："治水非一人之力，伯益出力也不少。"于是舜也重赏伯益，赐他一副黑色的旌旗飘带，并把一个姓姚的美女嫁给他。伯益行拜礼接受了赏赐，为舜帝驯养禽兽，禽兽大多驯服，舜帝赐"嬴"为伯益一族的姓。

　　伯益隐退后，他的驯兽技术流传了下来，成了嬴氏家族的传统。伯益有两个儿子，一个叫大廉，一个叫若木。大廉属苗裔，以鸟为图腾，为鸟俗氏。若木以其父大费（伯益也叫大费）名为姓，称费氏。随着族团的不断分化，他们的子孙有的生活在中原地区，成了农耕民族；有的则迁徙到西北大草原，成了游牧民族。他们及他们的子孙一直平平安安地生活到夏桀当政。

后来，若木的玄孙费昌投奔了商汤。因为驯兽的家传技艺，费昌也特别擅长驯马驾车，于是成了汤王的马夫。费昌投奔商汤不久，便为汤王驾车，与夏桀决战于鸣条（今山西运城安邑县）。众叛亲离的夏桀节节败退，终于在鸣条被费昌活捉，自此，夏王朝永远从历史上消失了，而立下赫赫战功的费昌也被商汤王封为费侯。

另一支嬴氏后裔大廉的玄孙一个叫孟戏，一个叫仲衍，也有人说他们是同一个人。一开始，这支嬴氏后裔似乎生活艰辛，费昌为汤王驾车时，他们却流落四方。后来帝太戊听说有个叫仲衍的人特别擅长驾车，可问谁都不知道他在哪里。商朝人凡事都要占卜，于是太戊说，那就占卜一下看看这个能人在哪里吧！就这样找到了仲衍，这也正是史籍上记载的"闻而卜之使御"。后来，帝太戊还把自己的女儿嫁给了仲衍，可见那时马夫的地位的确是很高的。

至于费氏一族，不知发生了何种变故，此时早已杳无音讯了。剩下仲衍一族为商王朝驾车，并且每一代都对王室有所贡献，很快成了显赫的贵族。

嬴氏就这样发展壮大起来。从太戊开始，又历经十九代帝王之后，纣王当政了。嬴氏后裔蜚廉和恶来父子"助纣为虐"，武王伐纣时，恶来被杀。蜚廉那时正奉命出使北方，因此逃过一劫。又由于跑得快，所以逃到了霍太山里。据说他在挖土建坛的时候挖出了一个石棺，上面写着一行字："帝令处父不与殷乱，赐尔石棺以华氏。"意思是，因为你不曾参与殷商之乱，所以天帝赐给你石棺，以光大你的氏族。

蜚廉有两个儿子，其中一个儿子叫恶来，早早地死了；另一个儿子叫季胜，季胜生有一子名叫孟增，后来很得周成王的宠信。孟增的孙子造父同样也是一个驯马驾车的高手，受到周穆王的重用。一天，他驾着骅骝、绿耳等几匹好马，带着周穆王往西巡游狩猎，玩儿得太高兴了，忘了还得回朝执理朝政。徐偃王一看，立刻宣布由他来接管朝政。

周穆王得到消息，立刻命造父驾车回京，据说马力开得很足，一日千里，终于平定了叛乱。造父这个功劳可谓巨大，于是被周穆王封在赵城，而造父也就成了赵姓的先祖。恶来有个儿子名叫女防，因为造父受到周穆王的宠信，于是也随其住在赵城，他的子孙也都姓赵。女防生了旁皋，旁皋生了太几，太几生了大骆，大骆生了非子。非子特别擅长养马和畜牧，住在犬丘（今天的陕西西部和甘肃东部地区）。

那时处于周孝王当政期，周孝王名为姬辟方，是前任周懿王的叔叔。周懿王病死之后，本来应该由太子姬燮继位，但这个姬燮太懦弱无能了，况且早在周懿王当政期间，周王室就已经开始走上衰微之路，于是姬辟方就趁机夺取了王位。

周孝王继位后便开始计划振兴周室。第一件事当然就是清点家当了。这一清点就发现，其他的武器币藏不缺，唯独就是缺马。数年来多次征讨戎夷，消耗最多的就是马匹。于是养马就成了振兴周室的第一国策。当时的太仆寺卿唐梦骀上奏说，我知道有个叫非子的犬丘平民，特别会养马，陛下不必宣他入朝，只给他三千匹母马，让他养一养再说，要是他能养出一大群马来，再招他入朝不迟。于是周孝王差使臣前往犬丘，找到非子，给了他三千匹母马，又在渭水、渭水之间的草原上开辟牧场，让非子在此放牧。

当时，只有三千匹母马，一匹公马也没有，拿什么去繁殖出一大群马来？以非子的聪慧，恐怕早就心知肚明，这是王室在考验他。非子也不是普通的人物，二话不说就领着这群母马来到了渭渭界。当时的渭渭界靠近西戎，而西戎本就是个游牧民族，特别擅长养马。非子每天在渭渭界上放牧，看见西戎兵卒也每天都把马赶到渭渭河边饮水，于是心生一计。第二天，他把一千匹母马赶入渭渭河中，又让一千匹母马站在岸上。见另外的母马不下河，河中的母马于是嘶鸣不已。而此时，西戎兵果然还像昨天一样赶着马来饮水了。听见河中母马的嘶鸣，西戎马立刻敏感地发现了，于是纷纷横渡渭河。非子一看，大喜。于是故伎重施，傍晚时又高高兴兴地赶着一大群马回城。看见非子浩浩荡荡地赶着万余匹马进京交差，而且个个都膘肥体壮，油光发亮，周孝王不由得心花怒放。于是就想让非子继承大骆的嬴氏宗嗣。非子本就是大骆的儿子，子承父业是合理合法的，况且非子又为国家做出了不小的贡献，他来承继宗嗣那是没有话说的。

但申侯说："我女儿和大骆生的嫡子嬴成才是正宗的继承人。我们家祖上就和嬴氏有联姻，归顺周室之后一直帮你们看守西陲。这些年来，西戎人服服帖帖，只养马不闹事，都是因为申侯联姻才有的安定局面。大王要是不让嬴成当老大，西戎和我们都会不服气，那时情况可就没法控制了。大王可要仔细考虑考虑。"

区区一个申侯，就敢以国家安全为名，要挟王权，可见西周王朝的权威性已经大大动摇。周孝王不愿听从申侯摆布，又不想惹恼他，干脆一分为二，两边都照顾到了，既维护王权尊严，又安抚申侯情绪。周孝王想了想说："从前伯益替舜主持畜牧，因为干得很好而得到了分封，赐姓嬴。现在他的后人非子也替我牧马，也养得很好，我就封他一块土地，让他成为我的附庸吧。"就这样秦地被划给了非子，号称秦嬴。申侯的外孙还是大骆的继嗣。

今天的学者认定，申国是周宣王分封的，晚于周孝王七十余年，封地在今河南南阳，离西周都城四五百公里，中间隔着秦岭和伏牛山，目的是增强南部边疆的防御能力。照这样看来，周孝王时期不应该有申侯，也许是司马迁弄错了，有两个申侯？或许是后人传抄《史记》时写错了？疑莫能定。

不管怎样，周孝王把秦邑赏给非子，恢复嬴姓，此事意义重大。历史上正式有了"秦"这个名号，非子也不叫赵非子了，而叫秦非子，或者嬴非子，成为秦国的直系祖宗。嬴氏家族在如此恶劣的环境下才终于开始有了自己的立足之地，并不断发展壮大起来。

在中国范围来看，我们自称汉族、汉人，源自西汉王朝。在世界范围来看，西方称我们（China、Chinese，即源自"秦"Chin）。如果秦始皇的政权能够多延续几百年，我们就该叫秦族、秦人了（张分田《秦始皇传》）。

传说秦始皇的"秦"字原来不是这样写的，而是写作"琹"。嬴政灭掉齐、楚、燕、韩、赵、魏统一全国以后，在重立国号时动了很多脑筋。有一天，他问大臣们："开天辟地以来，谁的功绩最大，史书上有

谋吞六国

秦朝开国奇谋

无记载？"有一大臣答："开天辟地以来，功过是非都记载在《春秋》中。"嬴政一听特别高兴，说："寡人乃千古一帝，就以《春秋》各一半来定国号吧。"众大臣不明白："敢问陛下之意是……"嬴政顺手提笔写了一个"秦"字递给众大臣说："寡人取'春秋'二字各一半，合为一个'秦'字以代'栞'为国号如何？"随后，便立国号为秦。之后，"栞"不存而由"秦"代替了。

舜禹时期，秦人祖先伯益生活在秦（河南范县），还得到嬴这个姓。大约一千一百八十年后，周孝王为了封赏非子，恢复嬴姓香火，把"秦"这个地名从河南范县移到甘肃南部。这么说似乎并不过分，是周孝王赐予了"秦"这个伟大的历史称号。

秦邑，也称秦城、秦亭，在今日甘肃清水县，六盘山南段（陇山）西侧、渭河北岸。中国最早的字典里，秦是伯益后人的封国的名称，那里的土地适合种粟，也可反证"秦"这个地名从河南移到西部的变迁过程。考古发现证实，最早的粟集中在河南中部，南部和北部也有一些，不及中部多。甲骨文、金文、篆书"秦"字，字形都像双手抱杵舂禾，与农业生产关系密切。

嬴是姓，秦是氏，先得姓，后得氏，因舜赐予而姓嬴，以封地而称赵氏、秦氏，即所谓的姓氏。在现代汉语中，姓与氏是一个概念，然而在战国以前，却是两个不完全相同的概念。姓，应是起源于母系氏族制，是出自同一远祖的血缘集团的名称；而氏是在父系家长制确立完善以后兴起的血缘关系的标志。《说文》有，"姓，人之所生也，因生以为姓"（这已经为考古所证明，西周金文"姓"与"生"为同一字，金文中"百姓"作

"百生"）。氏是姓的分支，同一姓可以分化为不同的氏。中国古代氏的起源往往是由祖先的地位高贵而起。到战国秦汉时期，姓与氏被混淆，地名、官职等，都可作为姓。秦、赵共祖，专家没有争议。

秦国兴起，乱中建国

秦嬴之后的几十年很平静。史书上提及这段历史也一笔带过，直到秦嬴的玄孙秦仲接班，这段平庸无奇的家族史才掀起了一点波澜。而秦仲的这种时势，则是周厉王和西戎共同造就的。

非子生秦侯，在位十年。秦侯生公伯，在位三年。公伯生秦仲，在位二十三年。秦仲第三年，西戎造反，趁着混乱，灭了嬴成一族。此时非子已经过世十六年，嬴成一支只存在了五六十年。

十五年后，周宣王即位后，第一愿望就是讨伐西戎。他很快发现秦仲不错，是个人才，马上就任命其为大夫，派他讨伐西戎。秦仲固然有些本领，在秦地当家二十三年，跟西戎打的交道很多，可也许正因为如此，他才低估了西戎的实力。周宣王的谋略是让西周复兴，打击西戎只是其中一个组成部分。秦仲大夫不负所望，与西戎勇敢战斗了五年，最后死于战场。

秦仲败了且死了，那又为什么说他是英雄呢？后来的事可以证明：

正是有了秦仲的战败，才有了秦地的第一次扩张，这为后来的发展打下了良好的基础。

秦仲有五个儿子，周宣王把他们五兄弟召到镐京聚了一次，派给他们七千战士，继续打击西戎，最后大败西戎，连嬴成的土地也夺了回来。长兄秦庄公被周宣王封为西垂大夫，嬴成的封邑也归秦庄公所有。秦人有了西犬丘（甘肃天水）和犬丘（陕西兴平）两块封地。几十年前养马的非子没能得到的家产，现在终于被他的后代得到了。比起原来那不到五十里的附庸之地，此刻的秦已经扩大了好几倍。

秦庄公有三个儿子。长子说："西戎杀我大父（即祖父）。不杀戎王，则不敢入邑。"把爵位让给弟弟。秦庄公仍然住在西犬丘。长子则住在犬丘，继续与西戎作战。秦庄公在位四十四年，传位给二儿子秦襄公。

西周的爵位有五级：公、侯、伯、子、男。非子、秦侯、公伯都是周天子的附庸，还没有爵位，也没有朝见周天子的资格；秦仲晋级为大夫，才有了爵位，或者是子爵，或者是男爵，不清楚。秦庄公为西垂大夫，应该是晋级为伯爵了，不妨称为"秦庄伯"。尽管文献都说"秦庄公"、"秦襄公"、"秦穆公"、"秦孝公"，事实上一直到战国后期，秦国的爵位等级一直是"侯"，而不是"公"。称"秦某公"，完全是他们自抬身份，写入他们自己的史书《秦纪》。司马迁尊重《秦纪》，也称"秦某公"。

秦襄公继位的第一年就把他的妹妹嫁给了丰王，第一次显露他的政治眼光。而秦襄公七年（公元前771年），历史又给了他一次成功的机会。那就是著名的"烽火戏诸侯"事件，故事的主角当然就是周幽王和褒姒。

周宣王的儿子周幽王是一个昏君。他父亲辛苦干了好几十年，才造就一片中兴的局面，让日渐衰落的西周王朝有了一些生机。到他手里，又一落千丈，天灾人祸纷至沓来。他不思振作，只管与美人寻欢作乐，其中最受宠幸的就是褒姒。一个故事说她喜欢听绢帛撕裂的声音，周幽王派人天天撕给她听。绢帛是昂贵的丝织物，常常被当作奖品赏给那些为国家立下功勋的人。另一个故事流传更广，"烽火戏诸侯，千金买一笑"，严重损害了西周王朝的国防力量，诸侯不再信任朝廷。周幽王的仇家申侯看准这个机会，暗中勾结戎狄袭击王都镐京。周幽王再次点燃烽火，诸侯以为他又在开玩笑，都不出兵。镐京被攻破，周幽王死在乱军之中，西周王朝结束。

西周王朝结束时，秦襄公在位已经七年。听说戎狄军队袭击王都，秦襄公立刻出兵救援。可能是出于下面几种考虑：周幽王烽火戏诸侯，秦襄公还没有发兵勤王的资格，没有被戏弄，对周幽王不存报复之心；周孝王赐予爵位这件事相去不远，感激之情还在，愿意出兵勤王；有卓越的政治远见，知道那是难得的机会，当然不能放过。也可能想得很简单，西戎杀我大父，现在又攻我王都，无论如何也要出兵。等各路诸侯赶到镐京，王都已经一片焦土，这是中国历史上第一次深重的民族灾难。戎狄杀人放火，劫掠宝藏，还抢走了那个祸国殃民的美人褒姒。但没有人同情她，也没有谁提出要救她。她的结局如何，没人知道。

看到国破家亡，却有很多人在暗地里偷笑。首先当然是西戎人，他

谋吞六国

秦朝开国奇谋

秦始皇兵马俑

们很高兴，不费吹灰之力便攻破了压迫自己多年的大周都城，抢夺了不少真金白银，还掳走了天子的宠妃，算是狠狠地出了口恶气。其次是诸侯们，虽说听闻消息赶来时，看见这座焚毁殆尽、洗劫一空的死城，有喜有悲。然后是勾结西戎人的申侯，这结局早就在他的意料之中，此刻不免得意万分。更重要的是，他的外孙宜臼也因此被众诸侯扶上王位，当上了天子，而他就是名正言顺的天子外公了。但是，我们在这里要提及的，既不是打了胜仗的西戎，也不是松了口气的诸侯，以及引狼入室的既得利益者申侯，而是在这场战争中，令秦人走上崛起之路的秦襄公。

西戎人攻破都城，杀了周幽王之后，秦襄公参与了后来的营救行动。这次行动很了不起，至少说明了秦襄公既有政治眼光，也有政治魄力。要知道，都城都被攻破了，今后的局势还不知会有怎样的变化，在这种乱局之中敢带兵前来，就很能说明他的胆识。估计秦襄公自己心里也清楚，要想从大夫变成诸侯，只能由天子来封，所以别人不去救，那我就去救。后来的事也证明了，秦襄公是没有白出力的。

那个勾结异族的叛徒申侯，不仅没被惩罚，反而成为功臣。为了避开戎狄，也因为镐京已被烧毁，诸侯们决定把王都迁到洛阳，洛阳在镐京东面四百公里。周幽王之前称西周，周平王之后称东周。

秦国的兴起与周王室是有很大关联的。其中有一个原因很简单，因为如果周王室不让嬴姓立国于秦地，那么秦国也就不存在了。也就是说，周王室对于秦国的首要影响就是让其立国。因为在商、周的斗争中，嬴姓秦氏的祖先始终站在殷商一边，包括在周武王逝后参与叛乱。嬴秦实际上是东部的族群，说俗点就是在朝代变更中因为站错了队，才被周王室迁往西北地区。这是一种对战败与叛逆的惩罚，嬴秦自此开始臣服于周。所以说，首先让秦国合法存在的，居然是以前的敌人周王室。

平王东迁，既是其迅速没落的主因，又对秦国产生了深远的影响。在此之前，异族入侵时，秦襄公是少数几个勤王的诸侯之一，东迁之时，又亲自率兵护送。所以平王"封襄公为诸侯，赐之岐以西之地"，并宣布"戎无道，侵夺我岐、丰之地，秦能攻逐戎，即有其地"。平王东迁，表示周王室已失去对西北地区和大部分领土的控制，由于这一大片领地的丧失，极大地削弱了自身实力，使得其迅速丧失了对诸侯的控制力，自身的衰落也就加速了，到最后只能龟缩于一隅之地。平王东迁是周王室势微的重要标志。

另一方面，由于对秦襄公和秦国的赏赐，却预示着秦国即将崛起。因为秦国由此获得了诸侯之名，取得了对"八百里秦川"的控制权，再加上关中地区还有大量黄帝文明与周文明的遗产存在，成为日后秦国发展的坚实基础。

自此，他们不再替人养马，而开始经营自己的国家、军队、政权。

总之，在一片混乱之中，秦襄公获得了诸侯的称号，得到了大片土地（尽管还必须用武力夺过来），是最实惠的得利者。秦襄公从此也不再是大夫，正式受封成为了诸侯。毫无疑问，这是秦人历史上的第一件大事：秦国（非秦帝国）诞生了。

第二章
几代打拼，渐趋强盛

　　在秦襄公的努力下，终于建立了秦国。然而，这仅仅是一个新的开始。秦国要想强大起来，还需要一个漫长的过程。随后，经过秦文公、秦穆公、秦孝公、秦惠文王、秦武王等数代君王的打拼，秦国的国力日渐强盛。他们知人善任，励精图治，在秦国的势力可以和其他六国相抗衡的时候，又开始采取谋略，削弱六国，为后来秦国统一六国打下了坚实的基础。

夺取周原，文公基业

　　秦在西周时期仅是一个西垂大夫。至秦襄公接受了周平王的无土封号，成了正式诸侯。随后，秦襄公建立了秦国的第一座祭坛西畤，祭拜东方的白帝，还按照惯例向各诸侯国派使慰问。虽然建国了，但秦国面临的形势很复杂。西戎在镐京抢了一通后，大部队已经撤走。残留下的诸多戎夷中，有的与秦国关系不错，而有的则必须通过战斗来解决。秦襄公为此做了很长时间的准备。秦人长久以来生活在周朝文明的边缘地区，战斗装备非常落后，经过秦襄公的大力整改，取得了长足的进步。除此之外，秦襄公还将战车引入军中，打造出各式各样的锋利武器，大大增强了秦军的士气和斗志。

　　秦襄公八年（公元前770年），秦襄公率领经过长期训练的军队，自信满满地踏上了东进之路。秦人此时的主要居住地还在西垂（今甘肃天水一带），丰岐之地（东起武功县、西至凤翔县、北至北山、南到渭河）是他们的第一站，路程不到两百公里。然而，秦襄公准备充分，设想得不错，打起来却非常辛苦，与周围的戎人反反复复打了四年，也没有打通从西垂到丰岐的道路，更别说在丰岐扎下脚跟了，最后秦襄公死于军中。但秦襄公并非毫无建树，他壮大了秦军势力，锻炼了队伍，将百折不挠的秦国精神发扬光大，并且为秦军指明了方向。

秦襄公死后，秦文公即位。他适时地调整了秦国的东进方式，改急攻为缓图，变武斗为文谋。

秦文公元年（公元前765年），居西垂宫。秦文公三年（公元前763年），他带七百战士出来打猎，一直向东走，秦文公四年（公元前762年）到达汧水、渭水汇流之处，说："我的祖先在这里养马，周王赏给他一块封地，最后才成为诸侯。我要把都城迁到这里来。"问占卜的人，在这里建城居住是否吉利。占卜结果是"吉"，于是秦文公开始营建都城。随后，秦文公又沉寂下来，而且一沉寂就是十三年。在这十三年中，秦文公只做了一件值得一提的事。他主持兴建了秦人发展史上第二座祭坛——鄜畤（今陕西凤翔县西南），在祭拜方式上也略有变化，改用马、牛、羊为牺牲，与周朝通行的方式更加接近。

秦文公十三年（公元前753年），秦人第一次有了自己的用文字记录的历史，这是一件极有价值的事情。中原民族从商代开始，就有史官，有用文字记录的历史，"有典有册"。甲骨文不是商代史官记录的历史，而是占卜文字，但能反映商王朝的很多信息。秦文公任命史官记录历史，证实秦国在积极学习中原的先进文化。

秦文公十六年（公元前750年），秦文公认为自己的实力已经足够强大，便向丰岐之地发起进攻。这是一次精心组织的军事行动，秦军取得了巨大的成功，生活在此的丰戎被打得一败涂地，最后逃入山林。此地落入秦人手中。

丰岐之地又称周原，曾经是周人的故居。三百多年前，周人能从这里出发在历史上谱写辉煌，离不开周原得天独厚的自然条件。丰戎跑走后，将周原留给了秦人。秦文公把岐山以东的土地贡献给远在洛阳的东周王朝，把岐山以西的土地收归己有。周原在渭水之滨，由洪水淤积而成，土壤肥沃，很适合耕种。在渭水上游，秦人既养马，也种粮，农牧混杂；在渭水中游，则主要是种植粮食，大力发展农业经济。所以秦国越来越富足，又继续保持着游牧民的精神形态。

秦文公十九年（公元前747年）的某一天，火光闪过天空，一块陨石从天而降。文公见这块石头不似人间物品，便在陈仓建立祠堂，将其供奉起来。更不可思议的是，自此之后，每隔一段时间天空就会有流星划过，祠堂附近的野鸡也会高亢地鸣叫起来。时人以为天空的光辉和野鸡的鸣叫与祠中的石头有关，于是视石头为宝鸡。到了唐朝的时候，肃宗听说了这个传说，便将陈仓更名为宝鸡，这个名称沿用至今。

关于陈仓祠，还有另外一个相关的传说。

在陈仓，有个人在狩猎的时候捉了两只似猪非猪的动物，感觉很新鲜，准备献给秦文公。半路上却被两个小孩拦住去路，一个小孩子说："你捉住的动物叫猲，吃人脑。"猎人顿生厌恶之心，就想把它们弄死。正待动手，那猲却说起人言："那两小孩是宝鸡的化身，一雄一雌。得到雄的，可以称王；得到雌的，可以称霸。"猎人闻言大惊，伸手去抓小孩，不料两个小孩一抖身化作两只野鸡冲天而起，最后落在陈仓的北坡上，化作两块石头。

这个故事一经传出，举国为之震惊，于是文公在石头附近建立祠堂，大行祭拜。不管传说的源头如何，后来陈仓祠被文公大肆渲染了一番，为秦国的社稷增色添彩。

四年之后，秦国第一次设立灭三族之罪——父祖、母族、妻族，显然也是学习周文明的结果。任命史官，完善法令，这些变化表明，秦国在秦文公的领导下，一方面在积极争取经济进步，由相对落后的游牧经济过渡到相对先进的农业文明，同时也在积极争取文化上的进步，并取得阶段性的成果。所以他死后，得到秦文公这个谥号。

秦文公四十八年（公元前718年），太子死了，立长孙为新太子。秦文公五十年（公元前716年），文公卒，传位给长孙秦宪公。司马迁错记为秦宁公，考古证据纠正了这个错误。秦宪公十岁即位，由于宪公年龄太小，尚不能亲自理事，于是设立大庶长的职位，以协助君主处理政务。大庶长位高权重，可文可武，堪比后世的相国和宰相。秦宪公即位后的第二年，秦国高层就作出了迁都的决定。经过举国上下的一致努力，国都从渭渭之地迁到了平阳（今陕西宝鸡东部阳平镇）。迁都不久，秦国就向附近的一支戎人发动了进攻。

这支戎人活动在荡社（三原、兴平、长安县）附近，首领称亳王。经过一年的反复争夺，秦国终于占领了荡社，亳王带着残余部众逃进山林。秦国取得法定封地之外的第一块土地，势力顿增。

然而，攻下荡社，秦国的周边环境仍是危机四伏。身处四战之地，秦国只能稳扎稳打。虽然推进的节奏有些缓慢，但秦文公和秦宪公祖孙二人取得的成绩还是震动了东方的诸侯，那些傲慢的诸侯不得不重新审视这群牧马人的后代。

秦国的地位空前提高，主要表现在君主夫人的出身上。比如，秦宪公就有两位来自东方的夫人，一个来自周天子家族，称王姬；另一个来自鲁公家族，称鲁姬。连周朝的天子和一等诸侯都要和秦国攀亲，可见秦在诸侯心目中的地位。秦人忠诚能干，很受周天子喜欢。秦宪公八年（公元前708年），秦国在周天子的授意下进行了一场战争。

事情是这样的：关中地区有个姬姓的小国叫芮（今陕西大荔县东南），芮国的君主是万伯。万伯的母亲因不喜欢儿子不学无术而与之闹僵，万伯一气之下将母亲赶到黄河东岸的魏。这一事件引起周桓王的注意，于是联合秦军一起向芮国发起攻击。周秦联军最后活捉了万伯，并将其押解到洛邑。这一战，秦国也出了名，但并没有得到什么好处。

秦宪公做了十二年的君主，在二十二岁的时候撒手人寰，但是在他的治理下，秦国的实力又有了增强。秦宪公有三个儿子，年龄都还小，给大臣专权提供了机会。王姬是天子家的人，地位高贵，本该是正夫人，可是入嫁的时间晚，只好做了侧室，生的儿子叫出子。鲁姬是正夫人，生了两个儿子，大儿子后来被人们称为武公，二儿子被称为德公。按理，武公是太子，应该由他来继承君位，但是王姬不同意。于是联合弗忌、威垒和三父三位大庶长废掉太子，立出子为君主。秦国最高领导权落入王姬和三个大庶长的手中，但两个利益集团时常争斗，六年后宣告破裂。三父派人杀死了出子，立原太子武公为君主。

秦武公即位的时候也就十岁光景，但是却有很深的城府，即位刚三年，便抓住机会一举消灭了弗忌、威垒和三父三个大庶长，并夷其三族。牢牢控制住大权之后，秦武公将扩地提上了议事日程。

谋吞六国

秦朝开国奇谋

穆公即位，称霸西戎

秦武公即位当年（公元前697年），秦国就向东发动了攻击，矛头对准一个叫彭戏社的戎族。秦军势如破竹，一路推进到华山脚下，彭戏社无力抵挡，只得遁入山林。华山离黄河转弯处已经很近了，东方诸侯隐约感觉到了秦国的蒸腾气象。秦武公十年（公元前688年），秦国向西方发动了一次更大规模的军事行动。军事总指挥是秦武公，讨伐对象是邽、冀戎族，交战地点在今甘肃天水附近。

秦军无视邽、冀戎族的反应，见面就打，直至将他们打败。占领了邽、冀戎族的地盘后，秦国却为难起来。天水和阳平之间是一段不小的距离，直接管理鞭长莫及，间接管理又无经验可循，周人分封诸侯的做法在这里又完全不适用。最后，秦人创立了"县"这个地方行政单位。

县来源于汉字"悬"，意思是悬在边界的地盘。县的长官由中央任命，直接对中央负责，与诸侯国完全不是一个概念。此时的秦人万万想不到，他们的偶然之举却孕育出中央集权郡县制政治体制，并在中国的政治生活中留下不可磨灭的印记。

秦武公十一年（公元前687年），秦军兵锋由西转东，指向杜、郑、小虢等部族，照例是打败、占地和设立县。秦武公成熟得早，凋谢得也早。他十多岁即位，死时不到四十岁，留给秦人的是一个西起甘肃中部、东至华山一线，囊括整个渭水流域的秦国。

秦武公死后埋在了他生前生活和战斗的地方——平阳，六十六名秦人做了武公的陪葬，其中有为数不少的国家精英。按当时的官方说法，这些人长期侍奉主人，感情深厚，不忍心主人独自一人到另一个世界，以至于主动追随而去。人殉是一种愚昧残酷的习俗，对被殉葬的人而言是厄运，对国家而言是人才的浪费。直到秦献公时期，秦人才彻底摆脱人殉的折磨。

秦武公死后，弟弟德公即位。武公原本是有儿子的，但由于出子当年的宫廷动乱，后来他放弃了传位于子的想法，转而传位于弟弟德公。德公比武公略小几岁，武公死的那年他才三十三岁，正是年富力强的年龄，是众望所归的继承人选。

德公即位后两年就去世了。在这短短的两年中，他做了一件对秦国影响深远的事情，那就是把秦国都城从平阳迁到了雍（今陕西凤翔）。这次他没有按照先前的节奏向东推进，而是由东南向西北来了个回头，两地直线距离不足六十里。不要小看这区区六十里，它解决了秦国很大的问题。平阳地处渭水北岸河谷地带，夏天气温高、湿度大，周围空间狭窄，不利于开疆扩土，反因地势低洼容易遭受敌人的攻击。雍却好很多，这里的土壤同样很肥沃，地势却高出了许多。托地势的福，温度降低了，湿度也降低了，更适合居住。并且，雍所在的地方正好是陇山的门户，军事上进可以攻，退可以守。

秦德公死后，他的三个儿子宣公、成公、穆公继续沿用了上一辈人兄终弟及的模式，先后成为秦国的君主。宣公在位十二年，成公在位四年，这十六年间秦国基本上太平无事，只是受到了黄河岸边几个小国的朝拜，还与同在上升期的晋国有过小摩擦。秦国的疆界依然局限在渭河流域附近地区，在河谷两岸的高原上还有大量的戎族活动着。秦国要想继续走向强大，就不能对这些戎族部落坐视不管。这是一桩极富挑战的事业，谁来完成，谁来突破？有道是"江山代有才人出，各领风骚数百年"。

从非子之死，到秦成公卒，秦国已历时两百年，十一个王。在这期间，周日渐衰微。到了东周，周王已经没有什么权力，不过是一个名义上的王，国人的精神中心，是后世"挟天子以令诸侯"的起源。他发布的王命，常常不过是他赖以生存的某个诸侯的意志。秦国则不同，两百年来，他们的领地不断向东扩张，从甘肃天水出发，先夺取周原，又逐渐占据渭水两岸。秦国政权日趋巩固，梁伯、芮伯等小国国君皆来朝秦。梁国在今陕西韩城之南十五公里，嬴姓；芮国在今陕西大荔县东南渭水与洛河交汇处，都在黄河西岸。至此，秦国西起甘肃东部，东至华山，控制整个渭水流域。不过，从秦国到秦帝国，还有很长的路要走。地理位置还是有些偏狭，对东方几乎没有影响。

在秦国的历史上，秦国的壮大有一个标志性人物，那就是秦穆公。秦穆公在位三十九年。自秦穆公开始，史书才记录有秦国国君的名字。在东方看来，秦国不过是一个戎狄之族。秦穆公很不甘心，一心想着打过黄河去，称霸诸侯。

第二章 几代打拼，渐趋强盛

公元前659年，秦穆公即位。这一年，他亲自带兵渡过黄河，到达黄河东边八十公里的茅津。这是秦国第一次越过黄河向东行动。茅津当时还为戎狄所有，秦国仍然在与戎狄作战。茅津初胜之后，秦穆公遇到一个强劲的对手——晋国。秦穆公审时度势，知道打不赢，于是提出与晋国联姻，目标是晋献公的女儿、太子申生的亲姐姐穆姬。献公答应了秦国的请求，但一直没时间将女儿嫁过去。这一年，晋国将宿敌虢国消灭，回师的路上又顺道将虞国吞并了。按照当时的战争规则，虞国所有的官员和士民都变成了晋国的奴隶，迎接他们的将是屈辱的生活。虞国大夫百里奚也是其中一员，考虑到百里奚的才能，献公便让他做了穆姬的媵臣，媵臣就是随驾的臣仆。献公没有想到，这个不经意的人事安排却给自己带来了大麻烦。

百里奚的经历非常坎坷。小时候他家里很穷，只能靠给大户人家种地、放牛糊口。三十岁的时候才攒够娶亲的最低聘礼五张羊皮，从此百里奚就和五张羊皮结下了不解之缘。百里奚很上进，读起书来非常用功，但他从来不因生活艰苦而放弃对天下大势的关心。于是他离开家乡，踏上了游宦之路。

百里奚出游的第一站是齐国。但此时的齐桓公刚获得管仲这样的贤才，根本没有心思理会他。百里奚没有办法，只得再寻出路。后来，百里奚在宋国遇到了蹇叔。两人都是隐身于乡野之人，惺惺相惜，于是成为知己。随后，百里奚又去了周朝，遇到了好牛的周王子颓。百里奚学会养牛之术，并很得周王子颓的喜欢。但蹇叔认为周国没前途，建议百里奚离开。百里奚听从蹇叔的建议离开了周国，生活又没有了着落，不得已在虞国落脚。蹇叔不看好虞国，仍建议百里奚离开。但此时的百里奚已经厌倦了东飘西荡的生活，想过几天安稳日子，便留在虞国做了一名大夫。虞国亡国后，百里奚成了穆姬的媵臣。百里奚并不介意做媵臣，他介意的是去秦国做媵臣。

秦国在大多数中原人眼里还是野蛮与落后的代名词，百里奚同样对秦国存有偏见。随穆姬到了秦国之后不久，百里奚便不顾七十多岁的高龄抓住机会逃离秦国，到了楚国的宛县。不料，他竟然被当地的一个农夫捉住，被迫给农夫放牛牧马。

百里奚重操旧业，竟然干得不错，好运正缓缓降临在他头上。秦穆公从大臣公孙枝的口中得知百里奚是个贤才，就派使者前去拜访。

"听说有个叫百里奚的秦国亡奴在你们这里？"秦穆公的使者如是问。那个农夫打量了一番秦国使者，点了点头。

"他是我们国君夫人的媵臣，你开个价吧，我们想把他赎回去。"农夫想了想说："至少十张羊皮！"

"太贵了，我看最多也就值三张羊皮。"

"不行，这老头放牛非常在行，我舍不得。"

"那有什么用？能活多长时间还说不定呢！万一明天死了，你还得花钱处理。这样吧，五张羊皮。"这个农夫在考虑之后，点头答应了。

随后，百里奚随使者回到秦国，受到穆公的热情款待。当夜，穆公谦虚地向百里奚请教国事。百里奚想起自己在虞国的经历，羞愧地说道："臣亡国之臣，何足问！"秦穆公宽慰说："虞君不用子，故亡，非子罪也。"

第二章 几代打拼，渐趋强盛

两人相谈甚欢，交谈中，穆公更加欣赏百里奚的见识和才干，百里奚也从英明睿智的穆公身上看到了秦国的大好前途，隔阂和偏见一扫而光。最后，穆公郑重其事地将国政大权全部交到了百里奚的手中，封其为"大夫"，号称"五羖大夫"，意为"五张羊皮换来的大夫"。

随后，百里奚将蹇叔推荐给了穆公。这不仅是为了报答蹇叔当年对自己的恩义，更多的是为秦国的将来着想，因为蹇叔同样是一个颇具才干的人。穆公大悦，派人花大价钱接来了蹇叔，封之为"上大夫"。正是因为有了百里奚和蹇叔的协助，秦穆公的霸业才又推进了一步。

晋文公处理完中原的事务之后，又将矛头对准了郑国。

郑国地处周朝领土正中，西面是东周王畿，东面有齐国、鲁国、曹国、宋国，南面是陈国、蔡国和楚国，北面是晋国和卫国，是大国争霸的枢纽。当北方有大国兴起，想要压服南方的楚国时，必定会先收服郑国；当楚国兴起，想要北上争霸时，也会先收服郑国。此番晋国攻郑，是为将来与楚国的较量作准备。

公元前630年，晋军对郑国发起了一次试探性攻击，结果显示郑国可攻。晋文公便于秋天兴大兵来攻，借口是郑国对晋国无礼，又与楚国暗有来往。晋文公同时还找来了秦穆公，还有向导公子兰。

公子兰是饱受郑文公摧残的众多儿子中的一个，他来到晋国，请求晋文公主持公道，当然也会将郑国的情况告诉晋文公。晋文公和秦穆公各率本家军队将郑都新郑围住，晋军驻扎在函陵（今河南新郑市新村镇望京楼），秦军驻扎在汜南（今河南中牟县南）。晋军随即发动猛攻。

郑军根本不是晋军的对手，抵挡了几回便失败了。郑国人害怕了，找到晋文公，准备签订城下之盟。然而，此时的晋文公没有和谈的诚意。郑文公很犯愁，群臣也急得不知所措。这时，一个名叫佚之狐的大臣说了："大家还记得烛之武吧？他口才很好，如果让他去和秦君谈谈，秦军必然能退。秦军退了，晋军自然也会退走。"

郑文公病急乱投医，急忙来见烛之武。此时的烛之武已经辞官在家，所以当郑文公来请他时，烛之武拒绝了，说："当年我年富力强的时候，你没有用我，现在我风烛残年了，还能做些什么？"郑文公又是赔礼又是道歉，最后烛之武才点头应允。

一天夜晚，烛之武捋着绳子爬出城外，然后摸到秦军的驻地，顺利地见到了秦穆公。一方面是秦晋之好，强兵压境；另一方面是困守孤城，危在旦夕。摆在烛之武面前的是一个不可能完成的任务。然而，只见烛之武从容地说："秦国和晋国联手围攻郑国，郑国知道自己快要灭亡了。如果郑国灭亡对您有好处的话，您跟着晋国跑一趟也算值了。"

秦穆公在一旁静静听着，不置可否。烛之武话锋一转，继续说："越过别国攻占土地，想必您知道其中的难处。秦晋再好，也犯不上灭亡郑国来增加晋国的土地。晋国的获益就是秦国的损失。如果放郑国一条生路，让郑国做您东进路上的主人，来回寄存物件、供应饮食，也算有个照应，想必对秦国没有坏处吧！"

秦穆公听罢心有所动。随晋国攻郑之前，他并没有想太多，现在听烛之武这样说，感觉很有道理。见穆公若有所思，烛之武知道自己已经触动他的内心，于是加重语气，说："或许您没有忘记，当初您帮助晋君复位的时候，他曾经答应以焦、瑕两地作为报答，但刚过黄河坐稳君位，晋君就在焦、瑕构筑起防御工事。晋国的行事您是知道的，今天从东方的郑国获得土地，改天就会回过头向西方张嘴，受损的不是您秦国，还能是谁呢？让秦国受损，使晋国获利，你应该好好想想了。"

烛之武的一字一句像钉子一样扎进穆公脑中，与晋关系中不堪回首的一幕幕开始在他的脑海闪现。最早的时候，晋献公先下手为强，吞并虞国与虢国；随后，晋惠公又背信弃义，过河拆桥；现在的晋文公看似厚道，其实也留着心眼，说好了给秦国焦、瑕两地，而后又软磨硬泡地赖掉。想到这些，穆公终于醒悟了，喜悦之情溢于言表。既然看透了晋国的真实面目，与其合作已无必要，穆公于是和郑国人签订了友好条约，撤走大军，又留下杞子、逢孙和扬孙三名将领率一支秦军帮郑国守城，以抵御晋军。

秦军走了，连个招呼都没有跟晋文公打。狐偃非常生气，提议全军追打秦军。晋文公没有同意，心里想的是此时与秦国闹翻对晋不利，嘴上却说："当年如果不是秦国的帮助，我们不可能有今天，我看还是算了吧。"不久之后，晋军也从郑国撤走。

烛之武的一番话挽救了郑国，同时也使得秦晋之间的结盟破裂。经过烛之武的指点，秦穆公对秦晋关系的看法发生了深刻的改变，由追随晋国转向遏制晋国，这无疑是一个巨大的进步。

在齐桓公之后，秦穆公夺得霸主之位，秦穆公时期的称霸，使得秦国得以进入大国行列，并为后来的发展打下了非常坚实的基础。此后虽然直到秦孝公变法之前秦国再也没有称霸中原，也没有在东进中取得什么进展，但是国力却保持得比较稳定。但是此后的春秋历史却迅速进入晋文公时代，文公死后晋国变得异常强大，以至于秦有崤之败。

此战对秦国影响深远，后来虽然也在与晋国的战争中取得胜利，但秦国的君臣不得不正视晋国的强大国力，放缓了向东发展的步伐，转而西向与戎夷争夺地盘。春秋的发展，此后也变成了晋、楚两国交相称霸的格局。经历崤之战和彭衙之战的失利后，秦穆公断了东进的念头，之后的王宫之战只不过是为荣誉而战。就在秦穆公因秦国前途受阻，找不到前进的方向时，一位西戎使者来到秦国。正是这位西戎使者的到来，为秦国开辟了一条出路。

使者名叫由余，生活在晋国，后来流落到西戎。由余能说晋人的语言，有见识，渐渐赢得了戎王的信任。秦穆公时期秦国发生了翻天覆地的变化，西戎诸部不得不对这个昔日与他们一同生活在关内的小小诸侯刮目相看了。西戎也想从中学习强盛之术，于是就派由余前来考察。

由余的到来让秦穆公感到非常高兴，于是，他带着由余观看了秦国的盛况。但见城垣雄伟，宫殿巍峨，国库内粮草、珍宝、器物应有尽有。看过之后，秦穆公心中非常欣慰。不料，由余呵呵一笑，不以为然地说：“这些都是劳民伤财。”

秦穆公的心思被人说中，顿时变得沉重。想到那些不和谐的因素，秦穆公非常纳闷，于是问：“中原诸侯以诗书礼乐为政，却时不时地生出变乱，西戎没有这些东西，却平安无事，你们是怎么做到的呢？”由余说：“这正是中原诸侯变乱不断的原因。”随后又解释，“黄帝率先以诗书礼乐作为治国的手段，并亲自带头贯彻执行，才小有成效。发展到后来，君主一个比一个骄奢淫逸，只知一味地用法度来约束和监督民众。民众不堪忍受就会怨恨君主不仁义，君主也会埋怨民众不诚实。上下相互怨恨便会起争斗，有的甚至全家被灭。这都是礼乐法度惹的祸啊。戎夷却不是这个样子，居上位者待民以厚德，民事上以忠信，上下关系和谐，如四肢一样运转自如，从而就实现了大治。这才是治理国家的最高境界。"由余的思想，后世之老子有更清晰的表述。《道德经》有言："大道废，焉有仁义；慧智出，焉有大伪；六亲不和，焉有孝慈；邦家昏乱，焉有贞臣。"又说："绝圣弃智，民利百倍；绝仁弃义，民复孝慈；绝巧弃利，盗贼无有。"还说："其政闷闷，其民淳淳；其政察察，其民缺缺。"

秦穆公听完由余的话后很吃惊，与其说他感兴趣的是由余表达的思想，不如说是由余这个人。由余表达的思想固然有其合理性，但并不是放之四海而皆准，秦国也有过现在戎夷正享受着的淳朴日子，但一旦进入礼乐法度的气场，就必须走下去，不能回头。由余身在荒蛮之地，却能说出这番颇有思想深度的话，由此可见，其必是人才。秦穆公又是高兴，又是担忧。

考虑到戎夷与秦国之间的关系，秦穆公回身问秘书内史廖："由余很有才干，终将是秦国一大威胁，该怎么办？"内史廖说："戎夷是和谐的，但也是原始和单纯的，经不起中原腐朽生活方式的侵蚀。戎夷地处偏远，想必没有见识过中原的繁华景象。不妨借些乐工和舞姬给戎王，戎王必会沉浸于其中不能自拔，同时再向戎王请求留由余在秦国多住一些时日。由余不在戎王身边，两人关系就会疏远，只要坚持不放由余回

去，戎王势必会对他产生不信任。君臣之间相互猜忌，就容易对付。"

秦穆公闻言大悦。接下来的时间里，由余时不时地受到秦穆公的宴请，酒席宴中，秦穆公总会在漫不经心的闲聊中夹一些对西戎风土人情、地形兵势的询问；另一方面，内史廖将收罗来的一大批乐工和舞姬借给了戎王。戎王见了这些舞姬和乐工，便开始荒废国政，并且不提送还舞姬和乐工的事情。

然而戎王不还秦国的乐工和舞姬，秦国便不还由余。由余在秦国将近一年，在此期间和秦穆公建立起良好的关系。不过由余毕竟是西戎的臣僚，不可能一直在秦国住下去。一年后，由余返回西戎，但此时很多事情已经发生了很大的变化。由余还是一年前的由余，而戎王已经不再是一年前的戎王。当由余与之言国事的时候，戎王则顾左右而言他。由余劝谏，戎王不听，由余再劝，戎王干脆不出。在这种情况下，由余对戎王已经失去了信心。于是，过了一段时间，他便返回了秦国。

秦朝古长城遗址

见由余去而复返，秦穆公非常高兴。此时，秦国刚取得王宫之战的胜利，形势已经有所好转。于是，将兵锋向西一转，开始进军西戎。这次进军西戎，孟明视为统帅，由余为副将。西戎涵盖的范围非常大，包括今天的陕西以西、甘肃陇南和陇西的广大区域。秦国用了两年时间就将西戎的广大地区扫灭，累计灭国十二，开地千里。秦国对西戎的占领并不是一劳永逸的，但击败西戎之后，秦国在实力上又跨上了一个新台阶。

秦国称霸西戎是一项了不起的壮举，意义非比寻常。随后，周天子派人向秦穆公表示祝贺，对秦国统治西戎表示认可。至此，秦国逐渐壮大起来。

崤之战后第三年夏天，孟明视率领秦军再攻晋国。秦军长驱直入，一举占领王宫和郊（两地都在山西闻喜县南）两座城池。晋军谨遵赵衰的教诲，坚守城池不出。秦军见晋军做了缩头乌龟，一时也没有办法，只得转而向南，从茅津渡过黄河，来到了当年崤山的旧战场。

公元前621年，秦穆公病死。按照秦国的传统，国君和大贵族死后要有人殉或者从死，尽管这一传统随着时代的发展越来越不得人心，但秦穆公还是照行不误，于是一百七十七名近侍被定为殉葬或从死的对象。

殉葬和从死并不一样。殉葬的对象多是下层的奴隶，生前是墓穴主人的奴仆，他们的死是为了继续服侍主人。从死的对象多是墓穴主人生前的属下和心腹，他们的死是为了继续为主人效力。殉葬和从死的不同之处还在于，殉葬多是迫不得已。殉葬之人地位低下，被视作物品或工具；而从死之人舍不得离开他们的主人，才会以死相随。

秦穆公选定从死对象的过程是这样的：有一次他与群臣喝酒，喝得兴起之时，突然大有深意地看了一眼身边的子车氏，即奄息、仲行、铖虎三人，说："活着的时候要一起快乐，死后也要一起悲伤。"子车氏三人心领神会，只好表示愿意从死。奄息、仲行、铖虎三人是秦国有名的人才，上至士大夫下至黎民百姓都知道他们的贤德，他们从死，百姓们都觉得非常惋惜。《诗经》中《秦风·黄鸟》一篇表达了秦人对秦穆公让三人从死的谴责。

《秦风·黄鸟》

交交黄鸟，止于棘。谁从穆公？子车奄息。

维此奄息，百夫之特。临其穴，惴惴其栗。

彼苍者天，歼我良人！如可赎兮，人百其身！

交交黄鸟，止于桑。谁从穆公？子车仲行。

维此仲行，百夫之防。临其穴，惴惴其栗。

彼苍者天，歼我良人！如可赎兮，人百其身！

交交黄鸟，止于楚。谁从穆公？子车铖虎。

维此铖虎，百夫之御。临其穴，惴惴其栗。

彼苍者天，歼我良人！如可赎兮，人百其身！

这首诗的大意是：交交黄鸟鸣声哀，枣树枝上停下来。是谁殉葬从穆公？子车奄息命运乖。谁不赞许好奄息，百夫之中一俊才。众人悼殉临墓穴，胆战心惊痛活埋。苍天在上请开眼，坑杀好人该不该！如若可赎代他死，百人甘愿赴泉台。交交黄鸟鸣声哀，桑树枝上歇下来。是谁殉葬伴穆公？子车仲行遭祸灾。谁不称美好仲行，百夫之中一干才。众人悼殉临墓穴，胆战心惊痛活埋。苍天在上请开眼，坑杀好人该不该！如若可赎代他死，百人甘愿化尘埃。交交黄鸟鸣声哀，荆树枝上落下来。是谁殉葬陪穆公？子车铖虎遭残害。谁不夸奖好铖虎，百夫之中辅弼才。众人悼殉临墓穴，胆战心惊痛活埋。苍天在上请开眼，坑杀好人该不该！如若可赎代他死，百人甘愿葬蒿莱。

秦穆公一生追求霸主地位，如果以获得周天子"侯伯"称号为霸主标志，秦穆公并未实现愿望，尽管有些说法将他列为春秋五霸之一。但是，秦国在追求霸主过程中所取得的成绩和学到的经验却是宝贵的，这要归功于秦穆公。

秦穆公一生最大的遗憾是花费了巨大的心力，却始终没有在与晋的斗争中取得决定性胜利。由于地理位置的缘故，秦国必须先摆平晋国才能称霸诸侯。由于晋国不好对付，秦穆公将毕生精力搭上也没有取得实质性的成果，反倒被晋国三代四君打败。秦穆公真正值得骄傲的业绩是称霸西戎，两年努力所取得的成就远远超出与晋国二十年的纠缠。

秦穆公虽然未能摆脱时代的陋习，却拥有极强的人格魅力，他胸怀宽广，包容力大，笼络人才的能力很强。百里奚、蹇叔、丕豹、孟明视、西乞术、由余等当世英才，都被秦穆公招致麾下。秦穆公的胸怀和人才意识为后世秦国君主树立了一个良好的典范。

励精图治，商鞅变法

　　春秋时期，秦独霸西戎，很快，秦作为一个强国跨进了战国时代。战国初年，魏国吴起攻占秦的河西地，使秦不敢东向。与此同时，社会经济发生了巨大的变化，我国由奴隶社会过渡到了封建社会。当时秦国的经济发展比其他国家落后，而且还深受楚、魏两国的压迫，各国对秦都以"夷狄遇之"。

　　公元前362年，秦献公去世，年仅二十一岁的秦孝公继位。此时，秦国已经走出低谷，但仍然僻处洛水以西，领土比秦穆公时少了一大片。东边与魏国为邻，洛水以东的河西、上郡，都归魏国所有。实际上魏国与当年的晋国一样，阻挡着秦国向东发展的道路。

　　南边与楚国、蜀国接壤。秦岭以南，东为楚国，西为蜀国。熊耳山中的武关，当时不过是一条沿着丹水伸展的长长触角状的狭窄通道，又被楚国阻挡，无法与函谷关形成掎角之势。巴、蜀二国各自独立，或相互争斗，也不为秦国所有。蜀国还把南御抢走了。秦国经济上得不到汉中、巴、蜀的支持，政治军事上东不及赏河，南不出秦岭、武关，一时间竟处于被封锁的状态。

为了使自己国家强大起来，不受别的国家压迫，秦孝公广纳天下贤士，求贤变法。他在求贤令中说：昔日秦穆公东平晋乱，以黄河为界，称霸西戎，广地千里，至躁公、简公、出子时，大臣干政，家国不宁。三晋趁机夺我河西之地，诸侯视我为戎狄，丑莫大焉！秦献公即位，镇抚边境，迁都栎阳，想恢复秦穆公的旧地，重振秦穆公的光荣。每次想到他的心愿，我就痛心不已。宾客群臣，谁能壮大我秦国，就赏给他高官厚禄封地。这时在魏受到冷落的公孙鞅来到秦国。

公孙鞅于公元前395年出生于卫国一个贵族家中，姬姓公孙氏，名鞅。公孙鞅，因是卫国人，又称卫鞅；以后在秦封邑于商，故又称商鞅，或商君。公孙鞅年轻时聪明好学，很有远见，二十五岁到魏国游学，被相国公叔痤赏识，做了相国府的家臣。

后来，公叔痤病重，魏惠王亲自看望。他对魏惠王说："大王，公孙鞅博学多才，年轻有为，可以胜任相国一职，您可以重用他。如果不重用他，就要杀了他，以免他被别的国家重用，对我们魏国构成威胁。"魏惠王点头答应，但又心想：区区一个相国府的家臣能有什么学问，况且年纪轻轻，怎么能胜任相国一职呢？不久，公叔痤一病不起，很快便离开了人间。魏惠王没有听公叔痤的话，公孙鞅也没有得到重用。

公孙鞅听说秦孝公广纳天下贤士，又觉得自己在魏国没有什么发展，便离开了魏国，去投奔秦孝公。魏惠王知道公孙鞅要走，也没有阻拦他。

公孙鞅见秦孝公，以强国之术说之，很快便被秦孝公认同。秦孝公决定重用公孙鞅。那时，由于公孙鞅没有政绩，而且又年轻，所以没办法委任重要官职，秦孝公便拜公孙鞅为右庶长。

公孙鞅对秦孝公说："主公初登位，还不甚稳定，为了稳定人心，我们变法之事稍后再定。"秦孝公听后，非常赞同公孙鞅的建议。公孙鞅知道变法困难重重，要想变法成功，必须取信于百姓。

一天中午，公孙鞅带领几个士兵，在城南门口贴了一个告示：谁能把一根三丈高的木头扛到北门口，赏金十两。围观的百姓没有人相信，心想：这个城门口距北门口还不到五十步，而这根木头又很轻，哪有这么便宜的事啊！于是，没有人前来一试。随后，人越聚越多，公孙鞅让士兵把赏金由十两改成五十两。

俗话说，重赏之下，必有勇夫。随后，就有一个百姓扛起木头就走，围观的百姓也跟着。到了北门口，公孙鞅立即派人去取五十两赏金给这位扛木者。围观的百姓一下子全都相信了。这件事一传十，十传百，很快全国百姓都知道秦国右庶长说话算数。两年之后，秦孝公觉得地位已经稳固，而公孙鞅对秦国也有了更深的了解，便下令变法。

商鞅变法无疑是秦国历史乃至中国历史上的一座丰碑。这次变法开始时，地主阶级夺权已成定势，并且有魏国变法成功的先例。此时的法家成为历史舞台上的主角，各国君主纷纷希望借此富国强兵。此次变法的主要内容有：

1. 编制户籍，实行什伍连坐法，定居民五家为一伍，十家为一什，使之互相监督，告发"奸人"，规定"不告奸者腰斩，告奸者与斩敌同赏，匿奸者与降敌同罚"。此实是严肃刑法，加强对人民的控制。

2. 奖励耕织，抑制商业，鼓励个体小农经营，规定"僇力本业，耕织致粟帛多者，复其身；事末利及怠而贫者，举以为收孥"，即努力务农，生产粮食和布帛多的农户，可免除其徭役；从事商业以及因懒惰而贫穷者，连同妻子、儿女罚为官奴。同时规定，家有两个成年男子的，必须分别立户，否则"倍其赋"。这实际上是鼓励一家一户的个体小农生产，以增加为国家纳税服役的人口。此外，孝公还根据公孙鞅的建议发布了"垦草令"，从税收、粮食收购、关市与物价管理，乃至对社会各类人员的监管方面促使人们耕垦荒地，发展农业生产。

3. 奖励军功，禁止私斗，规定"有军功者，各以率受上爵；为私斗者，各以轻重被刑大小"。所谓"率"，就是所立军功的大小，国家据此赏赐给立功之人相应的爵级。秦爵共分二十级，斩获敌甲士一颗首级者，可获赐爵一级，并相应地获得赏田一顷、宅地九亩，还可获得一无爵的"庶子"为其服役。

4. 废除宗室贵族的世袭特权，规定"宗室非有军功论，不得为属籍"，即宗室贵族非立有军功，不得再列入宗室的簿籍。考虑到变法随之规定"明尊卑爵秩等级，各以差次名田宅，臣妾衣服以家次"，则此等非立有军功的贵族丧失掉其原先享有的田宅、臣妾、衣服之类，是不言而喻之事。

公孙鞅用严厉的手段推行新法，使得"秦人皆趋令"。"行之十年，秦民大说（悦），道不拾遗，山无盗贼，家给人足，民勇于公战，怯于私斗，乡邑大治。"公孙鞅亦因此升为大良造（相当于各国的相职）。在此基础上，秦将都城迁徙到咸阳（今陕西咸阳），并于公元前350年施行第二次变法。变法的主要内容有：

1. 普遍推行县制，"集小都、乡、邑，聚为县"，即将地方各种小型聚落合并为县，各县置令、丞，全国共设立四十一县（据《史记·秦本纪》，《商君列传》作三十一县）。此项举措的目的是为了整齐中央集权的政治体制。

2. 推行统一的国家授田制及相关的赋税制度，即"为田，开阡陌封疆而赋税平"。"为田"即建立新的田亩制度，也就是将原来的步百为亩改为三百四十步为亩；"开阡陌封疆"是按新的亩制改变旧有土地上的阡陌封疆，从而使国家按此亩制标准授予农夫一户百亩之地；"赋税平"指农户从此为国家缴纳的赋税均平。这项举措的目的固在于运用国家的力量保障个体小农的产业，同时也使农民实际增加所种土地的面积，从而增加国家的赋税收入。据1975年云梦出土的《秦律·田律》称，"入顷刍藁，以其受田之数"，知秦在商鞅变法后一直实行授田制，所授之田为百亩，并按此授田数征收刍藁（草料），当然也包括征收其他赋税等物。

3. 统一度量衡，即所谓"平斗桶权衡丈尺"。这是在经济上加强国家管理的措施。

此外，本次变法还对首次变法的某些措施进行了完善和补充。如"令民父子兄弟同室内息者为禁"，实际便是对"民有二男不分异者倍其赋"的补充规定。它书记载公孙鞅制定的法令还有"燔《诗》《书》"、"塞私门之请"、"禁游宦之民"等，这些规定除分别为着整饬吏治、驱民农务的目的外，还含有愚民和对民众进行思想专制的意图。

经过商鞅变法，秦国很快强大起来。这是公孙鞅的功劳，也是秦孝公的功劳。面对太子党与贵族守旧势力的反对，唯有秦孝公全力支持，公孙鞅才能彻底改革。历史多闻商鞅变法，而不论秦孝公，这是一个疏漏。秦孝公站得高、看得远，才会全力支持改革。秦孝公这个"公"，比魏惠王那个"王"高明得多。

随后，公孙鞅又参与政治军事谋略。秦孝公即位时就表示要收复河西之地，现在国力已经强大，于是决定对魏国用兵。

秦孝公七年（公元前355年），秦孝公与魏惠王相会于河西杜平。秦孝公八年（公元前354年），与魏国在魏长城外打了一仗，歼敌七千，取少梁城。秦孝公十年（公元前352年），升公孙鞅为大良造，第十六级爵位，率秦师围攻魏国旧都安邑，攻取之后又撤走。此时魏国迁都已经十年，不怎么重视安邑了。秦孝公十一年（公元前351年），公孙鞅率秦师包围魏国固阳，迫敌投降。

魏国则在考虑如何反击。先在河西与秦国打了一仗，逼秦孝公与魏惠王修好。此时魏国号称"拥土千里，带甲三十六万"（《战国策·齐五》苏秦语），刚刚攻下赵国的邯郸，威震天下，又带着十二诸侯朝见周天子，商量如何狠狠打击秦国。秦孝公得知后，寝不安席，食不甘味，城墙上摆满兵器，各置将领，严加防守，只等魏国来攻。公孙鞅说："魏国现在强大，威霸中原，又带着十二诸侯朝见天子。现在他人多势众，秦不敌大魏。请派我去见魏惠王，我一定有办法打败他。"秦孝公表示同意。于是公孙鞅来见魏惠王说："大王的功劳很大，所有诸侯国都听您的命令。但大王率领的十二诸侯都是小国，还不足以王天下。齐、楚才是大国。如果大王联合燕国打击齐国，联合秦国攻击楚

谋吞六国

秦朝开国奇谋

国，赵、韩夹在中间，必然归附于您。再以此威服天下，可成就霸王之业。您不如先称王，然后打击齐、楚。"

魏惠王果然中计，开始扩建宫室，制作王衣，树九斿之旗，旗上画朱雀七星，把自己当做王看。王是最高的称谓，在诸侯之上。齐威王任用田忌、邹忌、段干纶、孙膑等人，卓立于东方，实力与魏国不相上下，看魏惠王如此猖狂，于是决定打击魏国。随后就展开了著名的马陵之战，结果魏国大败，损兵十万，大将庞涓被杀（更可靠的说法是羞愧自杀），太子申被俘，魏惠王亲自来齐国折节称臣，齐威王才罢休。这一年是秦孝公二十一年（公元前341年）。

当时的魏惠王根本没有看明白天下形势，事实上，只要魏国与齐、楚交战，不论谁赢，秦国都能得利。公孙鞅的谋略并不高明，不过是针对魏惠王的弱点，奉承了几句，就使得魏惠王犯了大错。在魏国，公叔痤不会打仗，明明知道公孙鞅是个人才，又不能说服魏惠王用他、杀他；庞涓虽然善于打仗，但是嫉贤妒能，心胸狭窄。这次一战，魏国大伤元气。

随后，公孙鞅对秦孝公说："秦与魏，不是秦国并魏，就是魏国并秦。魏国以安邑为都城，以黄河为分界线，独擅山东之利。利则西侵秦，病则东收地。今国君贤明，国力昌盛，何不趁魏国新败，大举伐之？魏国受不了打击，必定东迁。他一走，正好给秦国让路。秦国凭据山河险固，东向制诸侯，此帝王之业也。"于是公孙鞅带兵伐魏。魏国派公子昂率兵还击。公孙鞅又使小计，写了一封信，跟公子昂说："以前我在魏国的时候，我们的关系很好。这次刀兵相见，实在不忍心，不如和谈。这样对魏国、秦国都好，如何？"

公子昂居然相信了，结果在宴会上被活捉。魏军失了主帅，大败而去。魏惠王连吃败仗，土地一点一点减少，深感恐惧，只得割让河西，与秦国讲和。直到这个时候，魏惠王终于说出了那句话："我后悔没听公叔痤的话啊。"当秦国、齐国都开始强大时，魏国已经有危险了，但魏惠王不自知。"愚者墨守成规，智者预见变化"，公孙鞅的话一点没错。

公孙鞅得胜回秦，秦孝公把商十五城封给他，号为商君，从此称商鞅。

秦孝公二十四年（公元前338年），秦攻魏之岸门，活捉大将魏错。魏国败得很惨，国力日衰，开始了饱受秦国摧残、蚕食的痛苦命运，直至百余年后被秦始皇灭国。可以说，没有秦孝公的励精图治，就没有商鞅的大展宏图；没有商鞅的大刀阔斧，也就没有秦孝公的丰功伟业。

商鞅变法是战国时期持续时间最长、涉及面最广、对社会触动最大的一次变法。它进一步完善了秦国的封建专制主义的政治经济制度，使秦国迅速实现了富国强兵，一跃而成为战国七雄中最为强盛的国家，为秦日后统一六国打下了坚实的基础。由于商鞅变法损害了旧贵族的利益，这些人一直处心积虑地反对商鞅。公元前338年，秦孝公去世，太子即位，是为秦惠王，反对派乘机诬告商鞅谋反，商鞅被迫起自己封邑之兵抵抗，失败被杀。商鞅虽死，其法却因在秦施行日久而未被废止，这就使变法的成果最终被保留了下来。

攻魏弱魏，兼并巴蜀

公元前338年，秦孝公去世，年仅十七岁的太子驷继位，这就是秦惠文王。《史记》称秦惠文君，而不称秦惠文公。十四年以后，自封为王，称秦惠文王。

魏文侯以来，魏国把河西之地分成两个郡，包括洛水与黄河之间的大片土地，呈一个倒三角形，下面是西河郡，上面是上郡。魏惠王割让给秦国的，只是西河郡的一部分。秦惠文君杀了商鞅，但没有改变他的谋略，所以第一步就是如何全部占有河西之地，恢复秦穆公故地。

秦惠文君五年（公元前333年），以魏国人公孙衍为相。这个人脑袋长得像犀牛头，《战国策》干脆称他为犀首（《资治通鉴》说他在魏国做官，官名犀首，所以叫犀首），爵位与商鞅同，也是大良造。秦惠文君七年（公元前331年），犀首率兵北上攻魏上郡，斩首四万五千人，活捉魏将龙贾，夺其雕阴（《史记》与《资治通鉴》说法不一，今从《资治通鉴》）。同时也向东用兵，包围焦、曲沃（都在河南三门峡市西）。魏国无可奈何，只得把西河郡全部割让给秦国了事。上郡还在魏国手中，秦国必须夺回来。

秦惠文君九年（公元前329年），秦国渡过黄河攻魏，夺取汾阴、皮氏（今山西万荣、河津）。遭到排斥到魏做将军的公孙衍率魏军攻楚。为了破坏秦、楚联盟，魏国愿把上郡送给秦国。张仪对秦王说："不如派兵助魏。魏国打赢了，必听命于秦国，献出上郡；打败了，也守不住，大王派兵去夺就行了。"秦惠文君从刚刚夺得的皮氏地区抽调一万秦卒（估计其中一部分是从当地征来的新兵），车百乘，助魏攻楚。公孙衍打败楚威王，也消耗了魏国国力。秦国派人来要上郡，魏国出尔反尔，不肯给。

有一个谋士对秦王说："您何不派人去跟楚王说：'魏国答应把上郡送给秦国，现在他耍赖，不如我们联手。魏国害怕秦、楚联合，必定把上郡送给秦国，等于是楚国把上郡送给秦国，秦国也必然会感谢楚国，资助楚国。要是魏国不出地，楚攻其南，秦击其西，直接把他灭了。'"秦王派人联络楚国。楚国大肆宣扬此事，说要与秦国合作。魏国害怕了。

秦惠文君十年（公元前328年），公子华与张仪率秦师攻魏，取蒲阳（今山西隰县）。张仪向秦王献计：把蒲阳还给魏国，再派一个秦国公子去魏国当人质，用外交手段迫使魏国献出上郡。张仪作为秦国代表来到魏国，跟魏王说："秦国对魏国这么好，魏国不可以对秦国无礼。"魏王只好同意把上郡十五县割让给秦国。秦国软硬兼施，终于用和平手段得到上郡。

商鞅用武力夺得西河郡的一部分，公孙衍也用武力夺得西河郡的一部分，张仪用和平手段帮秦国得到上郡全部。至此，河西之地尽入秦国版图。此事对秦国意义重大：一方面，秦国终于获得进可以攻，退可以守，东向夺取天下的地缘优势；另一方面，又得到张仪这个人才。后来的事实证明，公孙衍等人都兴起过一阵风浪，但没有大作为，张仪则帮秦国捞到很多好处。

秦国数代国君的梦想，经过秦献公、秦孝公、秦惠文君、商鞅、公孙衍、张仪等人的努力，终于在公元前328年得以实现。此时，秦穆公已经死去近三百年。

接下来的三年事情不多。义渠国变成秦国的一个县，义渠君称臣。秦国把焦、曲沃还给魏国。魏国、韩国称王。看韩国这样的小国都敢大咧咧地称王，张仪也鼓动秦惠文君称王。

秦惠文君十四年（公元前324年），秦惠文君称王，是年为秦惠文王元年。张仪为将，带兵攻魏，夺一城，逼居民迁回魏国，筑上郡塞。魏相惠施已经看清形势，秦国才是魏国最大的敌人，其不是直接攻打魏国，就是想着法子削弱魏国；魏国在东边与齐国、楚国争战，根本没有得到任何好处，反而是秦国时时在从魏国身上捞取好处。所以他请求魏王与各国停战，联合齐、楚、韩等国，共同抗秦。于是魏王、齐王连续两年两次相会。秦国对此高度警惕。

秦惠文王二年（公元前323年），秦相张仪与齐、楚相交，目的是联合三个大国，拆散魏、齐联盟。公孙衍是魏国大将，他的看法与惠施一致，在此时与魏、韩、赵、燕、中山五个小国的结盟，目的是谋求小国在大国挤压之下的生存权。张仪的活动可以视为连横的雏形，联合强国攻击众弱。惠施、公孙衍的活动可以视为合纵的雏形，联合众弱对抗强国。到战国后期，山东六国都衰落以后，合纵连横才演变成专门对抗秦国的谋略。

当时的地理形势是，秦国东出，齐国西进，楚国北上，都必须控制魏国，但秦国行动最积极。

秦惠文王三年（公元前322年），魏国、韩国太子都来朝拜秦国。张仪辞去秦相，出任魏相。张仪相魏，其实是张仪设计的秦国称霸谋略的第一步：到魏国去活动，魏国向秦国称臣，别的诸侯国自然屈服。张仪到了魏国，提出秦、魏、韩三国联合，共同打击齐、楚，真实用意是拆散魏国与齐、楚的合作，然后更好地打击魏国。可能他带了很多钱财来收买人心，竟然有很多人帮他说好话支持他，反对惠施的抗秦主张。

惠施跟魏王说："一件小事，说好说坏，各占其半，何况国家大事？魏、秦、韩三国联合攻击齐、楚，就是大事。现在大臣都说一样的话，听不到另一种声音，等于您的耳朵被堵塞了一半。"最终，惠施被挤走，去了楚国，而魏王也没有听张仪的。秦国再次派兵攻魏，夺曲沃、平周，又悄悄给张仪很多好处，让他继续同化魏王。

秦朝古玉

齐、楚是不乐意看到魏、秦合作的，自然会想办法进行干涉。张仪的另一个死对头公孙衍也没闲着，他做了三件事：

第一件事，张仪想当魏相，对魏王说："我劝秦国出师攻打三川郡，大王趁机出兵攻打南阳郡，韩国必亡。"秦惠文王六年（公元前319年），秦国出兵攻韩，夺一城。公孙衍又派人去跟韩国的执政大臣韩公叔说："张仪想联合秦、魏制韩，说什么魏攻南阳，秦攻三川，韩国必亡。魏王看重张仪，就是因为他想得到土地。不如把此事委托给公孙衍，公孙衍有功劳，魏、秦联盟自然就散了。魏国抛弃张仪，与韩国合作，自然以公孙衍为相。"韩公叔觉得这样对韩国更有利，于是交出南阳，作为公孙衍的功劳。公孙衍果然当了魏相。

第二件事，义渠君来见魏王。

公孙衍对义渠君说："你的国家那么远，今后很难再见面。我有重要事与你商量。"

义渠君说："你说。"

公孙衍说："中原各国不攻打秦国，秦国定会攻打你。中原各国攻打秦国，秦国定会结交你。"

义渠君说："你的意思我懂了。"

第三件事，公孙衍发动五国攻秦。秦惠文王七年（公元前318年），在公孙衍的努力下，以楚怀王为纵长，魏、韩、赵、楚、燕五国伙同匈奴一起攻函谷关。秦开关迎敌，五国不胜而还。司马迁说是苏秦发动的这次合纵攻秦，显然搞错了。齐国本来答应参加，但没有来，可能是想坐收渔利。这是山东六国发动的第一次合纵攻秦，匈奴也是第一次出现。

谋臣对秦王说："义渠君很能干，是个贤明君主。何不贿赂他，安抚其心，免得他攻秦侧背。"

秦王说："好。"

于是挑出一百个美女、一千匹纹绣送给义渠君。义渠君收到礼物，召群臣来商议："这就是公孙衍前面说的中原在攻打秦国吗？"于是出兵袭秦，大败秦兵。四年后，秦国腾出手来，转身灭了义渠君，置为县。

秦惠文王八年（公元前317年），秦将樗里疾带兵与魏、韩、赵大战，大败之，斩首八万二千，活捉一员大将。齐国也趁机攻打魏、赵。公孙衍出逃韩国，当了韩相。吃了这么多亏，魏王才觉得张仪的话仿佛没错，想派张仪跟秦国谈判讲和，韩国也有此意，于是张仪回到秦国，复为秦相。魏国的尴尬局面现在已经很清楚：与齐国合作，秦攻其西，与秦国合作，齐攻其东，还不说南面的楚国。不管怎样，魏国都已经陷入危势。

至此，合纵连横的第一次斗争告一段落，主要人物是公孙衍和张仪。公孙衍流亡韩国，张仪回到秦国，天下暂时平静了几年。秦王与张仪的目的达到了，既是他们内外合作的成果，也与公孙衍的失败紧密相关。魏王不听张仪的，也不听惠施的，不是因为他高明，而是在观望公孙衍正在发起的合纵效果；合纵失败，向秦国屈服，更不是因为他明智，而是因为他短视。

秦惠文王九年（公元前316年），秦国西南方向的两个小国巴、蜀发生战争，都来告急。蜀王封弟弟于汉中，名为苴侯，都邑叫葭萌。蜀国和巴国一直有仇，苴侯却跟巴王很好，蜀王很生气，派兵攻打苴侯。苴侯逃到巴国避难，求救于秦。蜀在成都，巴在重庆，同属四川盆地，但是两个文化系统，两国也时常彼此征战。秦国通巴蜀，要向南越过秦岭和大巴山。两大山脉东西而行，中间是汉中盆地，隔绝了秦国与巴蜀的联系。

秦惠文王时期，四川盆地因为岷江雪水涌入，大都是沼泽，民众也被视为夷狄，不与中原相通。巴、蜀字形都与虫兽相关，可见他们被中原轻视的程度。直到秦昭襄王末期，由于李冰父子筑都江堰，成都平原才逐渐成为天府之国。

秦惠文王想出兵攻蜀，但蜀道难是出了名的，恰好韩国又来惹事，扬言要出兵攻秦。秦惠文王犹豫不决，先攻韩吧，又怕错过伐蜀，先伐蜀吧，又怕韩国乘其弊，于是召集大臣商量。司马错建议伐蜀。

张仪说："不如伐韩。"

秦惠文王说："说得详细一点。"

张仪说："联合魏、楚两国，我们攻打韩国的三川郡，魏国攻打韩国的南阳郡，楚国攻打韩国的都城新郑，周王朝赖以生存的两个小国东周和西周自然不保，乘势进逼周王朝，迫其交出九鼎宝器。九鼎宝器是大禹命令铸造的，象征天下王权。周王朝知道守不住，自会交出九鼎宝器。有了九鼎宝器，挟天子以令诸侯，天下谁敢不从？这就是帝王之业。蜀国又偏又远，与夷狄没有区别，土地也贫瘠，除了劳神费力之外，得不到任何好处。我听说，'争名者于朝，争利者于市'，韩国与周王朝就是天下的朝市。不积极争夺王业，去攻打夷狄一样的蜀国，岂不是距王业越来越远？"

张仪的谋略目标是，用外交手段联合魏国、楚国，直取天下中央，控制王权，挟天子以令诸侯，窥帝王之业，说得秦惠文王心动不已，隐隐透出秦国想统一天下的企图心。

司马错说："不对。我听说，富国者先广其地，强兵者先富其民，欲称王者先大其德。现在秦国地小民贫，我觉得应该先从容易的事情入手。蜀国虽然偏远，但容易攻取，也不会损害其他国家的利益。它的土地可以扩大疆域，它的财富可以充实国库，杀伤不多就已经屈服。我们吞灭一个国家，诸侯不觉得残暴；我们尽得蜀川之利，诸侯不觉得贪婪，还有禁暴正乱的美名。这是名利双收的好事。更为重要的是，蜀水直通楚国，而巴国人人佩剑，个个好斗，可谓劲旅，乘大船顺水东下，可灭楚。得蜀则得楚，得楚则可得天下。攻打韩国，劫持天子，这是一种恶名，也无实际利益，还会激怒诸侯。为什么这么说？周王至少名义上还是天下共主。他失去九鼎宝器，韩国丢了三川郡，他们会无动于衷吗？肯会联合齐、楚、魏、赵，那时就危险了。所以我觉得还是伐蜀比较完备，既得实利，又无恶名。"

司马错从"地小民贫"的现实情况出发，建议先壮大自己，再谋取天下，是一种务实的态度。夺得巴蜀之地，顺江东去灭楚，然后吞并天下，也是一个清晰的谋略蓝图，有很高的战略价值。

张仪的谋划就在眼前，称霸中原似乎唾手可得。司马错的话也不错，但时间很长，且蜀道艰险，兵力运转困难，也有点舍近求远。如果

谋吞六国

秦朝开国奇谋

把当初魏惠王迁都大梁的决策与张仪做一个比较，似乎可以看到张仪的缺点。一是过分注重外交手段，外交固然重要，但不能解决所有问题。二是只看到挟天子以令诸侯的好处，没有看到危害。山东六国实力还强，秦国不可能因为劫持了天子，就号令天下。在实力不具备的时候，去谋求过分的目标，不仅难以如愿，反而容易惹火烧身，让秦国成为众矢之的。在最激烈处竞争，即使胜了，常常也伤痕累累。谋国事大，诚不易也。

秦惠文王采纳了司马错的意见。张仪、司马错率兵伐蜀。蜀王战败，投降称臣，为蜀侯，秦国大臣陈庄相蜀，从政治、军事上控制蜀地。随后，又灭了苴侯、巴国，活捉巴王。四川盆地、汉中盆地都纳入秦国版图，"秦以益强，富厚，轻诸侯"。

秦并巴蜀有两重谋略价值。

一是对楚国形成两面钳击的有利态势。原先秦国只有武关一条路沿丹水南下攻楚，出兵路线单一，道路绵长，兵力运转、后勤补给都有困难，更何况魏、韩在其侧背，道路随时有被切断的危险。并有巴蜀，情况就不同了，秦有其利而楚承其弊。长江横贯楚国心腹，秦兵顺江东去，即可严重威胁楚国都城。另一路秦军出武关，对楚国形成钳型夹击，楚国就有的受了。

二是丰富了进取中原的路线。以前只有东出中原一个选择，如张仪所描绘的那样。现在东攻三晋，南击楚国，两条路线可以交替进行，互相配合。以后的事实也证明，在这两个方向上，秦国严重削弱了三晋和楚国的力量。从中也隐隐看出"远交近攻"的谋略雏形。

灭定巴蜀以后，秦国回转身来，开始收拾韩国。秦惠文王十年（公元前315年），秦伐韩，取一城。秦惠文王十一年（公元前314年），秦兴兵伐韩，战于主门（今河南许昌），楚兵不救，韩国大败，斩首万级。公孙衍为韩将，再次逃亡，不知所终。韩太子入秦为人质。在秦惠文王时期，秦国极大地威慑了三晋，使得秦国的实力和地位再次得到提升。

合纵连横，秦国称雄

战国时期，秦国通过商鞅变法迅速强大起来，而齐国在此时是东方强国。这样就形成了东西两大强国对峙、其他弱国并存的局面。齐国和秦国东西对峙，展开了争取其他诸侯国、孤立对方的斗争，而韩、魏、赵、楚、燕等国，则在联秦抗齐和联齐抗秦中摇摆。这时，出现了张仪和公孙衍，他们分别连横（分化六国）和合纵（联合抗秦）。在群雄实力均衡、战事酷烈的新形势下，诸侯各国都注重采用"合纵"与"连横"的谋略，也是这一历史阶段的显著特点。所谓"合纵"就是联合众多弱小国家攻击一个强大的国家；所谓连横就是联合一个强国去攻击其他弱小国家。

此时，齐、秦斗争的焦点在于争取楚国。楚国的国力开始很弱。战国初期，楚悼王任用吴起为令尹，实行变法，国势富强，一举打败了魏国并出兵伐秦。楚悼王五十一年（公元前381年），楚悼王死，吴起的新法被废除，楚国一天天走下坡路。秦国在打击三晋的同时，齐国则助楚攻秦，取曲沃。秦王想打击齐国，但路途遥远，中间还隔着魏国、赵国，不好用兵，就问张仪："我想伐齐，但现在齐、楚交欢，你看如何是好？"张仪说："你给我车马钱币，我来试一试。"

秦惠文王十二年（公元前313年），秦王对外宣称，张仪免去秦相，出使楚国，目的是拆散楚、齐联盟，然后打击齐国。张仪来到楚国，楚怀王待为上宾，并问："张先生，此僻陋之国，您对于我们的未来，可有什么指教？"

张仪说："秦王最尊敬的人，莫过于大王您。我张仪最甘愿跟随的人，也莫过于大王您。秦王最憎恶的人，莫过于齐王。我张仪所憎恶的人，也莫过于齐王。现在齐王深深地伤害了秦王，秦国正打算攻伐他们，但楚国与齐王交欢，所以秦王无法尊敬您，我也无法做您的臣子。大王真听教的，就跟齐国绝交，我保证秦王把商六百里土地献给大王，还有秦国的美女送与大王为妾。秦、楚相互嫁娶，成为兄弟之国。既削弱齐国，又交好秦国，还得到商六百里土地，一举三得，多好的事。"商六百里地靠近武关，是秦国南出攻楚的要地，自然也是楚国北上攻秦的要地。

楚怀王大喜，在朝廷上公开宣布说："寡人得到商六百里土地。"天天摆酒设宴，群臣都来祝贺。只有陈轸后来，也不表示祝贺。

楚怀王说："寡人不费一兵一卒，就得到商六百里土地，我真是太

第二章 几代打拼，渐趋强盛

聪明了。大家都来庆贺，唯独你不表示，为什么啊？"

陈轸说："依我看来，您既得不到土地，还会惹来祸患，所以我不敢妄自祝贺。"

楚怀王说："为什么？"

陈轸说："大王，秦国为什么重视您？是因为您和齐王交好。现在还没拿到土地就与齐国断交，楚国就被孤立了。秦国会看重一个孤立无援的楚国吗？又怎么会把土地给您？要是您想先得土地后绝齐国，秦国肯定不会答应。要是你先绝齐国后索土地，必定上张仪的当。结果齐、秦二国都得罪了，两国兵至，灾祸就大了。"陈轸是一个聪明人，一眼看穿张仪的谋略企图，接着说，"依我的意思，不如暗地里交好齐国，但表面上绝交，一面派人跟张仪去秦国。秦国确实给您土地，再绝交齐国也不迟。如果不给，正好揭穿他们的阴谋。"

楚怀王不听，说："你不要说了，等着看我拿到土地吧。"楚怀王任命张仪为楚相，给了他很多财宝，宣布跟齐国断交，同时派一位将军随张仪入秦取地。齐国派使者来，一律回绝。

张仪回到秦国，假装摔坏了腿，三个月不出门。楚怀王听说此事，说："难道张仪是不相信我绝交齐国的诚意吗？"却不知道秦国已经悄悄派人出使齐国。楚怀王根本不懂天下形势，竟然派人去把齐王大骂一顿。齐王气不过，折断楚符，后与秦国交好。

张仪这才出门，对楚国使者说："你怎么还不受地？我有封邑六里，愿意献给你们大王。"

使者说："我受楚王的命令，是六百里，不是六里。"

张仪说："我不过是一个小人物，哪会有六百里？"

楚怀王听后十分恼火，发兵攻秦。陈轸说："攻秦不是办法。不如割地给秦国，联手伐齐，我们虽然丢了土地，但能从齐国那里得到补偿，楚国还是完整的。否则，齐国已经断交，又与秦国打仗，国家会蒙受巨大灾难。"但愚蠢的楚怀王根本听不进去，也无任何谋略，以屈匄为将，发兵攻秦。

秦惠文王十三年（公元前312年），秦国与楚国的战争爆发了。武关是楚国仰攻秦国的唯一路线。楚军沿汉水、丹水逆行而上，向武关进发，想用武力夺取商六百里土地。屈匄似乎并不莽撞，派使者与秦国讲和，秦王也开关迎纳使者。秦王的本意是拆散齐、楚联盟攻齐，还不想与楚国为敌。

大臣甘茂说："若害怕楚国，会破坏我们与魏国的关系，楚国定会说'秦国出卖魏国'。魏国与楚国联手，对我们很不利。大王不如派使者去联络魏国，魏国一定高兴。稳住魏国，就可以从楚国那里夺取更多土地。"（《战国策》）于是秦王以魏章为将，樗里疾、甘茂辅之，率秦军出武关迎敌，在丹阳（今河南西峡县西丹水地区）大败楚军，斩首八万，活捉楚将屈匄及逢侯丑等各级将官七十余人，乘机扩大战果，夺得楚国的汉中郡（非秦国汉中郡）。秦国关中、汉中与巴蜀及楚汉中连成一片，对楚国的军事态势更加主动。

楚怀王接连败绩，于是集中全国的兵力要跟秦国拼命，竟然一路打到秦岭北麓的蓝田（今陕西蓝田县西。一说湖北钟祥西北），距咸阳只有六十公里。秦惠文王急了，这是秦国从未有过的危急时刻。此前，也包括此后，从没有哪个国家可以这样威胁咸阳。为了动员国人抗楚，秦惠文王还发布了一道《诅楚文》，祈求神的保佑，帮助秦国打败楚国。韩国原来是打算援助秦国的，看楚国气势，立刻站在楚国一边。

秦惠文王十四年（公元前311年），秦国想用汉中郡一半土地与楚国讲和，目的是想继续欺骗楚怀王，拆散楚国与齐国的联盟。蓝田大战以后，楚国派屈原出使齐国，想与齐国恢复邦交。楚怀王说："我只想要张仪，不想要土地。"楚国只想得到张仪，好出胸中一口恶气。

这个时候，秦惠文王的本性就表现出来了，他很想让张仪去楚国，但又不知怎么张口。张仪见此情形，主动提出去楚国。秦惠文王说："楚怀王是成心要得到你，你去了怎么办？"

张仪说："我与楚怀王的近臣靳尚关系很好。靳尚又刻意奉承楚怀王的爱姬郑袖，楚怀王对她可谓百依百顺，事事听从。商六百里地那事，我也确实有点对不住楚国，如今又发生大战，两国交恶，我不去楚国谢罪，楚国肯定不会善罢甘休。而且有大王您在，楚国不敢把我怎么样。就算杀了我，只要对秦国有益，也是我的所愿。"

张仪到了楚国，先用重金买通靳尚。楚怀王直接把他下了狱，打算杀掉。靳尚对楚怀王说："拘押张仪，秦王必怒。诸侯看楚国得罪秦国，就不会重视您。"又对郑袖说："秦王很看重张仪，大王想杀他，秦想用上庸六县来交换张仪，还想把美人嫁给大王，顺带赠送歌舞美姬作为她的婢女。大王重地，秦女必贵，夫人您就失势了。不如您去跟大王说，让他放了张仪，秦国美女就不会来。"

靳尚晓得郑袖嫉妒心重，故意捏造了这个谎言。郑袖听靳尚这么一说，日夜跟楚怀王吹枕边风："人臣各为其主。秦派张仪来，是看得起您。您不具礼，反要杀他。你杀了他，秦国大怒，必会出兵攻楚。我想还是和孩子躲到江南去吧，免得当秦兵的鱼肉。"

就这样楚怀王不仅把张仪放出来了，还当作贵宾。张仪又跟楚怀王说了一通绝齐合秦的诡辩术，与秦国结为亲家，然后回国。张仪离开楚国后，屈原从齐国回来，听说此事，对楚怀王说："为何不杀了张仪？"楚怀王后悔，赶紧派人追，但已追不上了。

宜阳之战，有利有弊

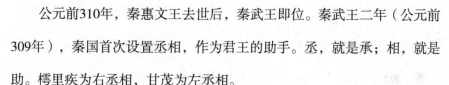

公元前310年，秦惠文王去世后，秦武王即位。秦武王二年（公元前309年），秦国首次设置丞相，作为君王的助手。丞，就是承；相，就是助。樗里疾为右丞相，甘茂为左丞相。

樗里疾，秦惠文王异母弟，母亲是韩国人。樗是树名，他生活的地方有一株大樗树，所以叫樗里，疾是他的名字。樗里疾滑稽多智，人称"智囊"。他为秦国立下不少战功。第一次带兵伐魏，夺曲沃。第二次带兵与魏、韩、赵联军大战修鱼，斩首八万余级。第三次带兵伐魏，取焦。第四次带兵攻赵，活捉赵国大将，夺一城。第五次协助魏章攻楚，活捉楚将七十余人，斩首八万。甘茂，下蔡人，学百家之术。张仪、樗里疾推荐给秦惠文王，用为将，协助魏章攻楚，夺楚汉中郡。秦武王元年（公元前310年），蜀地造反。甘茂带兵平定蜀乱，回来以后，任命为左丞相。

秦武王三年（公元前308年），秦王、韩王相会。适逢韩相去世，于是樗里疾（他母亲是韩国人）相韩，暂时离开了秦国一段时间。秦武王对甘茂说："寡人想东通三川，以窥周室，就算我死了，也能够不朽。"三川郡是韩国地盘，再往东就是周王室的洛阳。

甘茂说："请派我去说服魏国一起伐韩，向寿可以当我的助手。"向寿是秦武王的亲信。甘茂到了魏国，对向寿说："你回去跟大王说：'魏国已经同意出兵。但请大王暂时还不要出兵伐韩。'事成以后，功劳都归你。"向寿回来，跟秦武王作了汇报。秦武王出兵心切，亲自在咸阳东郊的息壤等甘茂。

甘茂回来，秦武王问他为何不能马上出兵。甘茂说："宜阳是一个大县，相当于一个郡，韩国在此重点设防。大王冒着崤山通道的各种危险，兵行千里攻宜阳，困难很多。我听说张仪西并巴蜀之地，北取西河之外（魏国上郡），南取上庸（楚汉中郡），天下不认为是张仪能干，而认为是先王贤明。魏文侯派乐羊攻中山国，三年才打下来。乐羊回来论功，魏文侯拿出一竹筐谤书给他看。乐羊赶紧跪拜叩头两次，说：'这不是臣的功劳，都是大王的功劳。'我是外来之臣，樗里疾、公孙爽是秦国公子。他们现在亲近韩国，您一定会听他们的。您亲韩，就等于欺骗魏王，我则被韩相公仲佣怨恨。当年孔子的弟子曾参在费，有一个人跟他同名同姓，杀了人。有人跟曾参的母亲说：'曾参杀人了。'

曾参的母亲说："我儿不会杀人。"纺织如故。又有人来说："曾参杀人了。"曾母仍然纺织如故。又有人来说："曾参杀人了。"曾母终于怕了，扔下纺锤，翻墙而走。曾参是贤君子，以曾母对他的了解，连续三个人都说他杀人时，曾母也不信任他。我不如曾参贤德，您也不像曾母信任曾参那样信任我，怀疑诽谤我的又何止三个人呢？我也担心您到时扔下纺锤啊。"秦武王听懂了他的意思，说："好，寡人决计不听那些谗言。我们在这里盟誓明志。"于是君臣二人在息壤盟誓。

宜阳在河南宜阳西北、洛河北岸的韩城镇，当时为韩国所有。这里有一个秦王寨村，据说就是因为当年秦兵所筑营垒而得名。洛河从崤山和熊耳山之间流出来，经过宜阳之后与伊水汇合，再经过洛阳，最后汇入黄河。秦武王说的"东通三川"，意即打通黄河、洛河、伊水，使车马通行无阻，直入洛阳。宜阳依山带水，控扼崤函通道，东与中原相接。崤函险道一百六十公里，秦国控制西段，韩国控制东段。宜阳正是东段上的军事重镇。所以秦武王要先夺宜阳，才能进攻周王室。宜阳境内有崤山，是韩国的西陲保障。韩国在此屯兵十万，物资可支数年，城高墙厚，并不容易攻打。何况秦国是远道来攻，增加了风险。当然还要考虑魏国、楚国的态度，而更大的风险，是甘茂所担心的君臣相疑。

甘茂的谋略现在已经很明白。他想帮秦武王实现心愿，又知道宜阳不易攻取，所以先去联络魏国。魏国肯出兵，就多一份力量；不出兵，只要不帮韩国，就等于是帮秦国。联络魏国的目的其实是稳住魏国。与秦武王盟誓的目的则是为了稳住秦武王，消弭君臣之间的疑忌。

秦武王三年（公元前308年）秋，甘茂率兵攻宜阳，五个月都没有打下来。

樗里疾、公孙爽果然在秦武王面前毁谤甘茂。秦武王动摇了，把甘茂召回来商量。

甘茂说："息壤就在那里。"

秦武王立刻醒悟过来，说："是啊。"于是增加兵力，要甘茂继续攻城。

楚国看秦、韩相持，决定不再亲秦，而出兵救韩。

东周国君（不是东周王，此时为周赧王八年）问赵累："你怎么看这件事？"

赵累说："宜阳肯定会被攻下来。"

东周国君说："宜阳城八里见方，不是一个小城，还有十万守军，粮食能吃好几年，韩相公仲佣有二十万人马，楚将景翠也率众来救，秦兵肯定无功。"

赵累说："甘茂是外国人，攻下宜阳才有功劳，攻不下来，就没脸在秦国混。秦王不听群臣兄弟的意见，执意要伐韩，攻不下宜阳，秦王也丢脸。秦王与甘茂都把攻下宜阳作为赌注，所以我说宜阳肯定会被攻下来。"

东周国君说："你帮寡人想想，我该怎么办？"

赵累说："您去跟景翠说：'你享有楚国最高的爵位，出任楚国最大的武官，胜利了，不能加官进爵，不胜则死。不如等秦军攻下宜阳，你再进兵。秦军害怕你乘其弊，必献宝贝给你。韩相公仲佣感谢你救韩，也会献宝贝给你。'"

看楚国出兵救韩，秦武王也很担忧。甘茂说："楚国虽与韩国结盟，但不会为韩国卖命，先与我战。韩国则担心自己在前面与秦国战，楚国却在后头搞鬼。楚国嘴巴上说与韩国结盟，实际上又不想得罪秦国，所以我判断他们会互相观望。"大臣冯章对秦王说："宜阳打不下来，韩、楚乘吾弊，国家会有危险。不如把汉中郡还给楚国。楚国不出兵助韩，韩国就不能怎么样了。"

秦王说："好。"于是就派冯章去结交楚国。楚国也派人支援甘茂，盘算着如何两边得利。后来，宜阳没攻下来，死伤无数将士。甘茂也有些灰心，想罢兵。这时楚国大臣左成说："国内有樗里疾、公孙奭攻击你，国外有韩相公仲侈憎恨你。现在无功而返，你将里外不是人。不如继续攻打宜阳。攻下来，你的功劳最大，樗里疾、公孙奭就没话说了，秦人反而会怨恨他们。"

于是甘茂继续攻城，擂鼓三次，竟然无人向前。秦军太疲惫了，甘茂无可奈何。在这样的不利形势下，一员秦将说："您不讲兵法，必大困。"甘茂说："我以客卿相秦，又以攻打宜阳来讨好秦王。现在攻不下宜阳，国内有樗里疾、公孙奭诽谤我，国外有韩相公仲侈憎恨我，我就没有立足之地了。明日再战，攻不下来，就把我葬在宜阳城下！"还拿出私财来重赏勇士。

第二天，擂鼓再战，终于攻下宜阳城，斩首六万。韩国派韩相公仲侈入秦谢罪，两国讲和。楚将景翠果然在此时进兵。秦国怕连续作战打不过来，割让一城（煮枣，在山东东明县），与楚国讲和，韩国也送来重宝。景翠得到秦国土地，收纳韩国重宝，因此感激东周国君。秦军师

第二章　几代打拼，渐趋强盛

老力疲，又看楚军在侧，一时不敢进兵，东周国暂时得以保全。

攻下宜阳，秦武王来到洛阳，看见象征天下权力的九鼎，一时高兴，要力士孟说比赛举鼎。秦武王本人就是一个大力士，喜欢跟人比力气大，力士任鄙、乌获、孟说都因此当了大官。这次比赛他们举的是龙文赤鼎，应该不是九鼎。不幸的事发生了，秦武王当场折断小腿骨。秦武王四年（公元前307年）八月，秦武王不治而亡。历史文献记录了这次事故。

宜阳这一仗打了两年，秦军赢得有些艰苦。秦武王动摇过，甘茂也动摇过，魏国态度在变化，楚国态度也在变化，有一个因素控制不好，就会无功而返。秦武王实现了东窥周室的愿望，秦国也在军事上、政治上赢得一个大胜利，不仅完全控制了崤函通道，而且把边境第一次推进至中原，函谷关成为秦国的东大门。

夺得宜阳，等于在国门前方增设了一个军事据点，更有利于秦军东出。秦武王在位四年，因为时间短，谋略上并无明显建树。甘茂在内外猜忌、楚魏反复不定的情况下，综合运用各种手段，稳住秦武王，联魏谋楚，虚心听取意见，果断鼓励士气，在师老力疲的情况下攻取宜阳，确实很不容易。他的才华值得肯定，客观上也有利于秦国的长远目标。

削弱六国，范雎入秦

秦武王去世后，由于没有后嗣，王位就由他的表兄弟继承了，这就是秦昭襄王。就在秦国为秦武王操办丧事的这一年，赵武灵王开始了他的改革。战国时期的赵武灵王是一个目光远大、有胆有识的君主。秦昭襄王元年（公元前306年）的一天，赵武灵王把大臣楼缓叫到了身边。

赵武灵王指着面前的一幅地图说："楼缓啊，你看看，咱们北边有燕国，东边有东胡，西边有林胡、楼烦、秦、韩等国，中间还有中山。四面八方全是敌人，自己要是再不发愤图强，随时都有亡国的危险啊！"

"是啊！大王说得很对。可是要图强就一定要革新，可谈到革新，我们又应该从什么地方入手呢？"楼缓很为难地看着赵武灵王。这时一名侍臣端着一碗肉汤，低着头，小心翼翼地走了进来。可能是他的袍子有点长，有一步稍微迈得大了点，正好踩在袍子的边儿上，随即身子前倾，倒在了地上。赵武灵王看见，眉头先是一皱，跟着大笑起来。随后说："楼缓，我们现在穿的袍子这么长，袖子也是这么长。"说着赵武灵王伸开双臂，看着长长的袖子，在原地转了一圈，"现在我们连端一碗汤都这么费劲，跟别人打仗自然要处处受到制约。我们就从平常穿的衣服开始革新。"

"可是……要怎么革新呢？"楼缓不解地问。赵武灵王笑了："这还不好办，有现成的样子啊。你看，北方胡人的衣服多方便。短褡、裤子、长靴，袖口短，腰里系一条皮带，走路做事又灵活、又方便，更重要的是，穿上这种衣服，我们也就用不着再使用马车作战了。"楼缓听了，低头看了看刚从地上爬起来的侍臣，突然发现，他正瞪着一双明亮的眼睛瞅着自己笑！这下子楼缓全明白了，连忙说："臣没有任何疑义，马上就去办理。"

第二天上朝，赵武灵王和楼缓穿着胡服走了出来。他把自己的想法说出后，朝堂上除了楼缓赞成外，全部反对，其中最顽固的就是赵武灵王的叔叔公子成。赵武灵王一时也没有办法，只好在朝会后把公子成单独留了下来。他对公子成说："穿胡人服装的好处我都说了，道理大家都明白。你想想，我们赵国四面都是强国，我们的军队如果不够强大，我们的国家就会灭亡。在这种情况下，我们是改变服装，加强军队战斗力好呢，还是守着一身的长袍，等着被击败、被灭亡好呢？"

公子成也不是糊涂的人，认真思考后，就同意了。又过了一天，公子成也穿上了胡服。朝臣们一看，态度最强硬的人都改变了，没有办法，也都改穿上了胡服。就这样，没过多久，赵国人人都改穿胡服了。自此，赵武灵王开始了他的一系列革新。穿胡服后，赵武灵王又学着胡人，开始骑马射箭。一年后，赵国建立起了中国历史上、中原国家中的第一支骑兵。

秦昭襄王二年（公元前305年），赵武灵王亲自率军把中山国从魏国人手中夺了过来。跟着，赵武灵王又收服了东胡等几个部族。到了公元前296年，赵国北边的疆域已经扩大到代郡，先后收复了林胡、楼烦、河宗氏、休溷诸貉，并收编了林胡及楼烦的军队。赵国自此成为三晋中最强的国家。

赵武灵王在位二十七年，公元前298年，赵武灵王为能专心率领骑兵开疆拓土，把王位传给了其子赵何，是为赵惠文王，自己做起了太上皇，史称赵主父。赵主父的这一安排引起了其长子公子章的不满。随后，公子章造反。公子成与李兑发兵平叛，击败了公子章，翦除了公子章残党。公子章逃到沙丘行宫，找到赵主父请求救护。毕竟是父子，赵武灵王不忍心看到公子章被杀，就把他藏了起来。公子成与李兑兵至，为擒杀公子章，包围了沙丘行宫。结果，公子章最后还是被杀了。公子成与李兑杀死公子章后，担心赵主父降罪灭族，于是将沙丘行宫中所有的宫人逐出，只留赵主父一人，包围三个月，将赵武灵王饿死在了宫中。

赵惠文王时期，乐毅、蔺相如、廉颇、赵奢等能臣名将云集，是赵国的黄金时期。赵国以一己之力，阻挡住了秦军东进的脚步。秦国数次灭魏，都因赵国出兵援助的关系而失败。周赧王四十五年（公元前270年），秦军进攻赵的阏与，被赵将赵奢击败。秦军不甘心失败，又进攻赵地几（今河北大名），也被赵将廉颇击败。总之，在赵惠文王时期，秦军可说是屡战屡败。赵惠文王死后，赵孝成王即位，战场上的形势发生了变化。

秦昭襄王采用范雎"远交近攻"的策略，远交近攻将秦统一六国的神话变成现实。它为秦统治者提供了灭掉六国的方案，也让秦始皇在统

第二章　几代打拼，渐趋强盛

一六国的过程中有了一个明确的战争策略。可以说，范雎的远交近攻策略为秦始皇统一江山开了路。那么，范雎到底是什么人呢？

范雎，魏国人，游说诸侯，想当魏王高参，但家里穷，无钱打点，于是投靠魏国中大夫须贾。须贾为魏王出使齐国，也带范雎去了。他们在齐国待了几个月，都没有见到齐王。齐王听说范雎有辩才，派人赏赐金十斤及牛肉好酒，范雎辞让不敢受。须贾大怒，以为范雎泄露国家机密，要范雎收了酒肉，退还赏金。回到魏国，须贾心中还是恼恨不已，自己等了几个月都见不到齐王，偏偏范雎得到齐王赏赐，把范雎的事告诉丞相魏齐。魏齐不辨真假，派人痛打范雎，打折了肋骨，打掉了门牙。范雎装死，被用劣等席子裹起来，扔到厕所里。

范雎从席子里跟看守说："你能放我走，一定重重谢你。"

看守就跟上头报告说，范雎已经死了，要不要扔掉。

魏齐也喝醉了，说："可以。"范雎就这样逃了出来。事后魏齐也觉得自己做得有些过分，想把范雎再找回来。魏人郑安平听说此事，找到范雎，把他藏匿起来，更名为张禄。恰在此时，秦昭襄王派使者王稽出使魏国。郑安平装扮成一个小兵，伺候王稽。

王稽似乎怀着间谍使命，问郑安平："魏国可有贤者，跟我一起西游？"郑安平说："我们那里有一个人叫张禄，想见您，跟您谈天下事。但他有仇家，不敢白天来。"

王稽说："那就晚上来。"晚上，郑安平带着范雎来见王稽。没说几句话，王稽就知道范雎是个人才，说："先生在三亭冈等我吧。"三亭冈在魏国边境上。他们私下约定去秦国。

王稽辞别魏国，来到边境，把范雎带上一起回秦国。进入秦国地界，就看见对面车骑飞奔而来。

范雎问："来者何人？"

王稽说："丞相穰侯魏冉。"

范雎说："我听说魏冉专权，讨厌别国人，可能会羞辱我，暂且在车里避一避。"不一会儿，魏冉过来，跟王稽打了个招呼，站在车旁问道："关东有没有什么变化？"

王稽说："没有。"魏冉又问："有没有别国人跟你一起来？这些人来了也没用，只会扰乱秦国的朝政。"

王稽说："不敢。"于是魏冉就走了。

范雎说："我听说穰侯是一个智者，看他样子，应该是怀疑车上有人，但忘了搜查，肯定会回来。"于是下车步行。王稽一行走出十余里，魏冉果然派人追上来搜查，看确实没有别国人才走。王稽带着范雎顺利进了咸阳城。

王稽跟秦昭襄王说："魏国有一个张禄先生，天下辩士也。他跟臣说，秦王之国危如累卵，有他就能安定，但不能用文字来说此事，所以我把他带回来了。"秦昭襄王不信，不过仍然给了他下等宾客的待遇，让其空等了一年多。秦昭襄王讨厌那些靠嘴巴吃饭的人。

秦昭襄王三十六年（公元前271年），魏冉打算派客卿越过韩、魏攻齐，取纲、寿二城，用来扩大他的封地陶邑。此时，魏冉已五次出任秦国丞相，多次立有大功，他弟弟华阳君，秦昭襄王的两个亲弟弟泾阳君、高陵君，都各有自己的封地，私人财富比王室还多，似乎已经威胁到秦昭襄王。于是范雎给秦昭襄王写了一封信，说："重要的话我不敢写在信里，不重要的话又不值得听。有一句空话，我愿意自己把脑袋放到刑斧之下。"大概是打动了秦昭襄王，于是他决定见一见范雎。

秦昭襄王派人接范雎到离宫相见。范雎假装不知路，故意闯到宫中的监狱里去了。宫中宦官怒声呵斥范雎，赶他走，说："大王到。"范雎故意大声说："秦国哪里有大王？秦国只有太后和穰侯！"想以此激怒秦昭襄王。

秦昭襄王过来，听到他和宦官的争论，告罪说："因为义渠国的事太急，寡人每天早晚都要去见太后；现在义渠国的事已经了了，寡人才有时间。敬请行宾主之礼。"秦昭襄王这么礼贤下士，范雎竟然辞让不受。那些大臣看范雎如此大胆，不识抬举，莫不肃然变色。秦昭襄王支开左右，长跪于地，以学生向老师请教的姿势，向范雎请教说："先生有什么教导寡人吗？"

范雎说："唯唯（"应而不置可否"之意）。"停了一会儿，秦昭襄王又长跪于地，说："先生有什么教导寡人吗？"

范雎说："唯唯。"如此再三，秦昭襄王仍跪于地，说："先生真的不肯教寡人吗？"

范雎才说："我不过是一个外人，与大王关系疏远，但我要跟你说的，又涉及骨肉之间，所以你问三次，我都不敢答。你上面害怕太后，下面被奸臣迷惑，大者覆灭宗庙，小者危及自身，所以我感到恐惧。"秦昭襄王继续跪在地，说："先生这是什么话！事无大小，上至太后，下至大臣，只愿先生悉心教我，不必怀疑寡人的决心。"

范雎跪下来向秦昭襄王叩头，秦昭襄王也向范雎叩头。表明心迹以后，范雎接着说："大王之国四面险固，是王者之地。大王之民勇于公战怯于私斗，是王者之民。至今闭关十五年，不敢征服山东六国，这是穰侯不忠、大王失策造成的啊。"秦昭襄王说："愿闻其详。"

范雎知道左右偷听的人很多，不敢先言内事，所以先言外事，想观察秦昭襄王的心意，看秦昭襄王态度是否坚决，于是说："穰侯越韩、魏攻齐纲、寿，不是好主意。出兵少，对齐国没有什么影响；出兵多，又对秦国不利。大王不如远交近攻，得寸则王之寸，得尺则王之尺。如今近交而远攻，岂不荒谬？"秦昭王一听，可不就是这个道理。他兴高采烈地说："我就听先生您的建议了！"于是便封范雎为客卿，可以直接参与国家大事的讨论，主管军事。

就是通过这次谈话，秦国确定了"远交近攻"的战略思想。这一思想的确立，不仅为秦国逐一兼并六国乃至最后的统一奠定了战略基础，还为后世的战争、外交提供了最有价值、实用的方案。范雎还提出了远交近攻的具体实施步骤：第一，就近重创韩、魏两国，以此来解除心腹之患，壮大秦国势力；第二，向北图谋燕国，向南谋求楚国，扶持弱小的国家来抵制强大的国家，争取中间地带的支持，抑制各国的发展；第三，联合韩、魏、赵、楚来威逼最远且最强大的齐国，让齐国不敢和秦国竞争；第四，在形成绝对的优势之后，消灭韩、魏等国，最后灭齐。实际上后来灭六国的步骤就是按照这样的程序操作的。远交近攻为秦后来的统一战争提供了最为实用的战略方案。

秦昭襄王三十九年（公元前268年），秦昭襄王按照范雎的建议，派五大夫王绾率领军队讨伐魏国，攻占了怀地。两年以后，又派兵攻下了邢丘。就在这种形势之下，范雎又提出了攻打韩国的计策。他先是向秦昭襄王分析攻韩的重要意义，说："我们秦国和韩国相互接壤，就像织在布里的线纵横相连，韩国对于秦国来说就像树里的虫子一样，是我们的心腹大患，不除不行。天下太平还好，如果天下稍有风吹草动，没有再比韩国更大的威胁了。所以，大王您要先收服韩国。"秦昭襄王也觉得韩国是个极大的威胁，不除恐有后患，于是便问范雎该怎么样做才能收服韩国。范雎胸有成竹地说："如果大王您派兵占领了韩国的政治、经济、军事的交通要道荥阳，就可以阻断韩国对巩、成皋地区统治，韩国上党的军队没法支援这一地区的战事。这样一来，韩国截成了三节，能不对秦国俯首称臣么？"秦昭襄王拍案叫绝。

秦昭襄王四十一年（公元前266年），范雎出任秦国丞相，辅佐秦昭襄王治理国家。他承袭了秦国的治国传统和志向，将统一六国作为奋斗的目标，他是秦国历史上继往开来的名相。

范雎当了丞相，恰好须贾来秦国公干，他把须贾狠狠羞辱了一番，但没有杀他，要他跟魏王传话："急持魏齐人头来。不然者，我将屠大梁。"须贾回到魏国，如此一说，魏齐奔赵，躲在平原君赵胜家里。

秦昭襄王为帮范雎报仇，把平原君骗至秦国，逼他交出魏齐。魏齐跑到魏国找信陵君，想通过信陵君去楚国。开始信陵君犹豫不决，听了宾客的意见，亲自驱车到郊外迎接。魏齐听说信陵君犹豫不决，怒而自刭。人头送到秦国，平原君才脱身。

秦昭襄王一边处理内部事务，一边执行范雎的谋略，连续六年攻韩，结果引发秦、赵之间惨烈悲壮的长平大战。

根据"远交近攻"战略，秦国很快就击败了韩国。韩桓惠王向秦国求和，许诺将上党献给秦国。而上党郡守则拒绝秦国接收，打算用投降赵国的方法，将秦国的矛头转向赵国。赵孝成王贪图小利，派兵接收了上党所属的十七个县。秦昭襄王得知上党被赵国接收，立即派左庶长王龁进攻上党，赵军在上党守军不足，退守长平，于是战国历史上最大规模的战役揭开了序幕。

长平之战对秦赵双方都是一场考验。这场战役规模宏大，极其惨烈，前后持续三年，秦、赵双方动用的总兵力超过百万。对两国而言，无论是社会经济，还是军事实力，都经受着前所未有的严峻考验。当时不只是赵国人无粮可食，秦国也被战争拖得"国虚民饥"。战争发展到最后，无论是赵国，还是秦国，都征调了十五岁左右的男孩从军。可以说，这是一场秦、赵两国之间的大决战，秦胜则天下归秦，赵胜则能使七国争雄的局面维持下去。

长平之战大体可分为两个阶段，从公元前262年到公元前260年是第一个阶段。在这两年多的时间里，名将廉颇指挥赵军筑垒固守，以持久战的形式消耗秦军。秦军虽在小规模的冲击中取得了一些局部胜利，但是在主战场上始终没有占到绝对优势。如果以这种方式打下去，在双方都没有重大军事错误的情况下，秦军可能会主动撤军；也或者双方会因战争消耗过大，都没办法坚持下去而进行和谈。但无论是哪一种结局，赵国都将夺取上党，所以战况显然对赵国有利。

第二阶段从秦昭襄王四十七年（公元前260年）开始。秦昭襄王一面用范雎的反间计，散布谣言说："廉颇已经老了，秦军不怕廉颇，很快就会取得胜利。可这时候要是'年轻有为'的赵括成为赵军统帅，秦国可就危险了。"结果赵孝成王为尽早结束战斗，信以为真，派善于纸上谈兵的赵括替代廉颇。另一方面，秦昭襄王暗中派名将白起到长平替下了王龁，指挥秦军，随时准备进行最后决战。

赵括是赵国名将赵奢的儿子，此人毫无战争经验，只会死读兵书。父子两人在探讨兵事的时候，赵奢有很多时候都辩不过他。赵奢死前特意嘱咐家人，不要让赵王重用赵括，因为赵括过于自傲，刚愎自用。赵奢知道，自己儿子的许多军事构想听起来虽然言之成理，但战场形式瞬息万变，赵括不够稳重，如做一员小将，或可身先士卒，可一旦统领大军，就极有可能冒进轻敌。所以赵孝成王任命赵括替代廉颇时，赵括的母亲主动劝说赵孝成王解除自己儿子的兵权。赵孝成王不听，终于酿成了长平之败。

赵括接替廉颇后，立即下令全军出击。白起则针对赵括缺少作战经验、自负轻敌的缺点，制定了对赵军迂回包抄的战术。白起令秦军前锋部队诈败，引诱赵括率军深入，在撤退的同时埋伏下两支秦军，伺机切断赵军与后方的联系。赵括茫然不知，一直攻到秦军加固的壁垒前，遇秦军主力坚守，无法攻入。就在这时，白起布下的两支秦军伏兵突然出击，将赵军分割包围。赵括无法突围，只好就地筑垒坚守，等待援兵。

秦昭襄王在后方听到白起已围困住赵军主力的消息后，亲自赶往河内，征发了当地十五岁以上的男子，全部开赴长平，以阻断赵军粮道。

谋吞六国

秦朝开国奇谋

赵括被白起围困四十六天，断粮绝援，将士数天未食，饥饿难当。赵括只好孤注一掷，将赵军分成四队，轮番强攻，但仍无法冲出重围。随后，他不顾一切，率军亲自出战，在秦军阵前被乱箭穿心而死。赵括阵亡后，赵军群龙无首，四十多万将士全部投降，做了俘虏。白起为消灭赵国的有生力量，除释放了二百四十名未成年的赵军战俘外，其余四十多万人全部被坑杀。长平之战结束，赵国受到了致命的打击。

赵国在长平之战的失败，宣告了秦、赵两强抗衡的格局就此结束。赵国虽在后来的邯郸之围中，联合魏、楚击败了疲惫不堪的秦军，但秦王扫平六国、一统天下的大势，已不可逆转，战国风云即将被历史洪流卷去。

秦国在军事上取得了节节胜利，范雎也越来越得秦昭襄王的倚重，秦昭襄王开始让他在内政上大展拳脚。于是范雎提出了"强干弱枝"的治国方略，意思就是加强中央集权。范雎对秦昭襄王说："我在山东居住时，听说齐国只有孟尝君，没人知道有齐王（就是说孟尝君的权力与威望超过了齐王）；而秦国有太后和穰侯魏冉，没听说过秦王。所以说，能治理国家的、趋利避害的、执掌生杀大权的人才能称之为王。现在什么事都是太后做主，穰侯外出进行国事访问也不奏报，地方上做事也不奏报国君，国家就像没有君王一样。国家权力怎能不倾斜，国王的号令怎会有人听从呢？我听说能治国的人，是那些在内政上能发挥威力，在外交上人们能够重视的人。现在，穰侯依仗着太后的权势，削弱了您的地位，他一用兵诸侯都害怕得不得了，他不用兵诸侯们都感恩戴德。他在君王的左右广设间谍，这样恐怕在大王故去之后，拥有秦国的就不再是大王的子孙了（意思就是秦国将被篡夺，江山易主）。”

这些话提醒了秦昭襄王。他虽然对宗亲贵戚的势力膨胀看在眼里，急在心头，但是没有想到后果是如此的严重。听范雎这么一说，他就下定决心要除掉外戚、宗亲的势力。于是，秦昭襄王罢免了魏冉的相位，打发到他自己的封地去了。后来他又将太后的权力也夺了回来，不许太后参与政务。这样，以秦昭襄王为首的中央政权得到了集中。

范雎推行的“强干弱枝”方针，强化了秦国的中央集权制度，促进了封建割据走向封建大一统，这对秦国中央集权制度的完善和嬴政最终完成统一大业有着不容忽视的作用，这是顺应历史发展的一次重大社会变革。

通过范雎的远交近攻策略，秦统一六国的构想落到了实处；通过强干弱枝方针，秦国中央集权进一步加强。这些都为秦始皇开疆扩土、统一六国以及秦帝国的建立奠定了良好的基础，秦始皇的功勋和先辈的积累是分不开的。

第三章
不韦投资，政治博弈

　　吕不韦（？－公元前235年），战国末期卫国濮阳（今河南濮阳）人。他出身商人世家，后成为富甲一方的巨贾。在他的努力下，异人（子楚）成功地登上了王位，而自己也成为秦庄襄王时期的权相。他掌权十三年，依靠杂家思想，在文治武功方面都取得了卓越的成绩。同时，他还主持编纂了《吕氏春秋》（又名《吕览》）一书，流传至今。

卫国吕氏，商人世家

　　战国末期，经过长时期的吞并战争，七个割据势力各自雄霸一方，史称战国七雄。历史上的"战国七雄"就是楚、秦、赵、齐、燕、魏、韩七个大国。当然，与其并存的还有一些小国，如宋、郑、鲁、卫、周、莒、杞、郯、蔡等。卫国起先是个大国。西周王朝建立之初即公元前11世纪，周武王把其弟康叔封为卫君，在今河南淇县建都为朝歌。春秋时代的卫国，统治腐朽，社会黑暗，逐渐衰落成毫无势力的小国。公元前629年，国都迁往今河南濮阳西南的帝丘。

　　在春秋战国的400余年中，卫国的国君大都是昏庸无能之辈。到卫成侯十六年（公元前356年），卫国国君的地位已由"公"降为"侯"。二十余年后，即卫嗣君五年（公元前335年），卫侯又降为卫君。国土日益变小，卫国国势一落千丈。到战国中期，卫国已经沦为任人摆布的小国。有识之士都对卫国失去了信心，连卫国本国的一些王公贵族和政治家都争先恐后地投奔到其他诸侯国。这些外流的代表人物有吴起、商鞅、吕不韦等。

　　在公元前330年至前288年间，吕不韦诞生在濮阳的一个大商人家庭里。吕不韦的家族历来富有声望，他的祖先可以追溯到传说中的炎帝时代。据说，炎帝的后代，伯夷之后因有功而被封于吕，即今河南南阳西，子孙繁衍就以吕为姓，这就是吕不韦远祖的来历。在吕不韦的先祖中，最为人称道的便是那位在渭水边垂钓的姜子牙，也就是吕尚。

大约在吕不韦两岁时，卫国的国君卫怀君为了讨好魏国而去朝拜魏昭王。不幸，魏国反而把卫怀君囚禁起来，随即杀掉。然后，魏国竟自作主张立元君为卫国国君，因为元君乃是魏昭王的女婿。在强大的秦军进攻之下，魏军虽溃不成军，而在弱小的卫国面前却称王称霸。从此，魏国把卫国变成了它的附庸，而卫国的国土事实上仅残余濮阳一地了。

卫国的濮阳虽比临淄、咸阳、邯郸等城市小，但也相当繁华，与当时陶邑（今山东定陶县）的水平差不多，故人们常常以"陶卫"并称。这里具有优越的地理位置：濮阳恰在黄河的弯曲处，两岸的庄稼、村庄以至老百姓们虽然常被汹涌的河水冲击，厚厚的黄沙一遍又一遍地覆盖大水后的中原大地，但是当黄河不泛滥的时候，她又为人们提供舟楫之利。地处黄河岸边的濮阳因此成为交通繁忙的地带，从这里溯河而上，很快可到达周朝的国都洛阳（今河南洛阳）。进入战国后，全国的政治中心虽已不是洛阳了，可洛阳仍是全国屈指可数的几个繁华都会之一。从濮阳顺黄河而下，可到齐鲁文明、富庶之乡，这里盛产鱼盐粟豆麦等；由濮阳向南，黄河水系又与淮河平原水道和鸿沟水系形成交通网络；向北过黄河，则可直抵北方的大都会邯郸。四通八达的优越地势为濮阳人经商致富提供了天然条件，从而出现了一批商人，濮阳也就成为当时的一个商业都会。这一带的商人走南闯北，见多识广，又受到开放的文化氛围的熏陶，政治上极其敏感。许多商人参与当时的政治、军事斗争，呈现出令人钦佩的胆识。

吕不韦

吕不韦的父亲名叫吕鑫，是当地很有名气的一位商人，专营布帛杂彩生意。后来，吕不韦在父亲的安排下，上了几年学，具体史料不可考证。据说，吕不韦和三个堂兄吕轩、吕轻、吕辊及邻家子在教书先生的教授下，背了一年的《诗经》，又学了一年的"诸子"。但是，他读完书并没有去当官，而是去经商了。对于这种转变，一种说法是吕不韦从小志向不在读书，他看不起那些酸腐人士，也看到了先后教授自己的先生的贫困清苦。

在这段时间里，吕不韦两耳不闻窗外事，一心只读圣贤书。学习期满后，吕不韦先去做了一个名叫卫横的人的门客。卫横官至大夫，也算是个有头有脸的人物。要想在政治上有所作为，门客是个不错的起点。如果的确有经营、治理的才华，再有一个伯乐，基本上前途无忧。而此时的吕不韦却一心想着尊贵显达，有钱有势。于是，他就告别父亲，去拜访他的另一个老师。据说，这个恩师名叫伯夏。得到了老师对自己弃政从商想法的理解和支持，吕不韦回到家跟父亲商量，想帮助父亲打理门面，父亲同意了。

打理绸缎庄的生意可以说是吕不韦成功经商的开始。然而，初出茅庐的他，面对对手的排挤无力应对，使得绸缎庄的生意一落千丈。无奈之下，吕不韦改做其他生意。本想小赚一笔，没想到连本钱也搭进去了。后来，在朋友的帮助下，他又继续开绸缎庄。但是，那些大的绸缎庄仍旧排挤他，吕不韦不得不在外面临时的集市上四处奔波，生意这才渐渐有了起色。

有一次，吕不韦在集市上碰到了一个耍蛇人，他有一匹看起来极其雄壮的马。生意人都喜欢聊天，也善于在其中发现商机。吕不韦从耍蛇人那里得知，此马是从匈奴买来的，不由得对眼前这位耍蛇人心生敬意。吕不韦之前听过一件事，就是赵武灵王"胡服骑射"的改革。在赵国都城邯郸随处都可以看到有人穿戴胡人的服饰，学习骑马射箭。因此，邯郸城里胡人的马匹和服装都很贵。曾有人到胡地用绸缎珠宝以很便宜的价格换回来良马服装，到邯郸高价出售，赚了不少钱。其实，吕不韦也动过这样的念头，但毕竟那是远地，而他对路途也不熟悉，更别提根本听不懂的"胡语"。这次碰到远赴过匈奴的人，吕不韦就全力去打听，得知匈奴人很喜欢绸缎，自己手上这种绸缎一尺就可以换到十几匹马，再骑到邯郸就能卖得很贵。吕不韦凭借三寸不烂之舌，劝说耍蛇人给他做向导，他要去匈奴做成这笔买卖。对方同意后，吕不韦立马回家凑足一百丈绸缎，然后买了匹驮货物的马，就和耍蛇人一起上路了。从此，吕不韦开始做起了用绸缎换良驹的生意。后来，吕不韦的生意越做越大。

吕不韦发现，父亲经营布帛，往来于六国之间，远涉劳顿，运输不便，不如改为经营珠宝，携带方便，赢利颇丰。父亲一口答应，吕不韦便开始大干。吕不韦精明能干，贱买贵卖，采货识玉，售货有方，珠玉生意更是越做越大。

随着农业、手工业的发展，商业逐渐兴盛。当时，北方的马匹、南方的象牙、东方的鱼盐、西方的皮革，在中原地区的市场上都能买到。一些诸侯国的都城如临淄、邯郸、大梁、郢等，一些重要的交通中心如陶、阳翟等地，聚集了很多人口，商业十分繁荣。当时，人们非常珍视玉。玉器不但用于祭祀、外交和社交等方面，而且还用于装饰服饰。《礼记·玉藻》中说："古之君子必佩玉。"又说："君子无故，玉不去身。"可见佩玉是当时人们，尤其是贵族很看重的。据说，当时的礼服之上有两套相同的佩玉，腰的左右各佩一套。每套佩玉都用丝绳系着。上端的是一枚弧形的玉，叫珩；珩的两端各悬着一枚半圆形的玉，叫璜；中间缀有两片玉，叫做琚和瑀，两璃之间悬着一枚玉叫做衡牙。这样一来，佩戴它的人，走起路来，发出清脆悦耳的声音，显得高雅富贵。《诗经·郑风·女曰鸡鸣》中说："杂佩以赠之。"据旧注，"杂佩"就是这一套佩玉。此外，还有佩环、佩。妇女则戴环佩。

到了公元前360年，吕不韦年逾四十，步入"不惑"之年。此后，他开始走上追金寻玉之路，踏入大富大贵之门，逐步迈入侯门玉食的上层社会。这时的吕不韦，史书上记载"家累千金"，此处的"千金"不过是泛指、约指、不定指。

关于吕不韦发财致富的秘诀，《史记·吕不韦列传》记载说"往来贩贱卖贵，家累千金"；而《战国策·秦策五》只是笼统地说"贾于邯郸"。

　　吕不韦在后来组织其门客撰写的《吕氏春秋·离俗览第七》中有这样一句话："民之情，贵所不足，贱所有余。"吕不韦是很懂得这个道理的，他正是凭借囤积居奇、贩贱卖贵，才一跃成为巨富。而此时的吕不韦已经不能满足于商业的成功，他要爬得更高，甚至要建立一个高贵的家族来延续自己的血脉。然而，这些都需要机会。

邯郸居奇，成功投资

　　吕不韦生活的时代，天下虽然仍旧为七雄所分治，但关东六国已显颓势。战国时最早进行变法的魏国曾经称雄一时，但在桂陵之战（公元前353年）和马陵之战（公元前341年）中两次败于齐国后，国力日衰，此时已经成为各国欺凌的对象。韩国这个四战之地，一直面临着来自各方的侵略。长期的征战，导致韩国民弱国疲，幸而各国彼此顾忌，在这种均势中还能勉强维持宗庙社稷的存续。北方的赵国在赵武灵王"胡服骑射"后，国力迅速上升，曾称霸一时。但晚年的武灵王在继承人的选择上出现重大失误，不仅使自己饿死于沙丘宫，而且严重的内耗也导致国力日衰。此时南方的楚国也日渐衰落。东方的传统大国——齐国，在"乐毅伐齐、田单复国"之后虽然有所恢复，但空有大国之称。北方的燕国无论人口还是经济、军事都难称得上是大国。与东方六国不同，西北崛起的秦国却蒸蒸日上，尤其此时在位的秦昭襄王励精图治，隐隐有并吞天下之势。

一次，吕不韦到邯郸做生意，碰到了被送来作人质的秦公子异人（后改名为子楚）。异人是秦昭襄王的孙子，秦太子安国君的儿子。安国君当太子时，宠爱夏姬，与夏姬生子异人，后华阳夫人进宫夺夏姬之宠，异人便作为人质被留在赵国。这个异人遇见吕不韦的时候，正过着狼狈不堪的生活。他只是太子安国君二十多个儿子中的一个，既不是长子，生母夏姬也不得宠，无足轻重。当年昭襄王为了集中力量攻楚国，与赵惠文王定了渑池之会，于一念之间，就把异人送到赵国为质了。

秦昭襄王与赵国结盟只是权宜之计，等打败了楚国，很快就与赵国翻了脸，两国越打越激烈。可是异人却一直在邯郸，一晃就是二十多年。他这个"庶出"的王孙，成了一个无实际意义的人质。两国交恶，赵降卒被白起坑杀了四十万，故而赵国对待异人，待遇极差。异人就这么渐渐长大，在贫寒中挨到了而立之年。

吕不韦见到他后，不禁动了怜悯之心，并且想到了更深的一层，大呼："此奇货可居！"

吕不韦回家后，问父亲："种田赢利能有几倍？"

父亲说："十倍。"

吕不韦又问："做珠宝生意的赢利呢？"

父亲说："百倍吧。"

吕不韦又问："立国家之主，赢利几倍？"

谋吞六国

秦朝开国奇谋

父亲吃了一惊，答曰："无数。"

吕不韦说："如今拼命种田，不得温饱；但是建国立君，好处可以传给后代，我就要干这么一件事了。"于是吕不韦再次去见异人，开口就说："我能光大您的门庭！"

在一般人看来，吕不韦的这种谋划是痴人说梦，是不可能实现的。一个商人，再有钱，又如何能够影响到一个国家的王位继承？从另一方面来看，异人又是完全不具备继承资格的一个王孙。首先，秦昭襄王还健在，秦昭襄王立的太子虽然是异人的父亲安国君，但安国君有二十多个儿子，异人的年纪既不大，也不小，排在中间。而且还是已经不受安国君宠爱的夏姬所生，是庶出，所以怎么轮也轮不到异人继承王位。还有一个最大的问题就是，异人现在正作为质子扣在赵国，他能否活着回到秦国都很难说。但是这一切在吕不韦看来都不是问题，他铁了心要帮助异人夺得秦王之位，那无可计算的回报率让吕不韦有着排除万难去争取胜利的决心。

然而，这个时候，异人根本没把这个商人放在眼里："你还是先光大自己的门庭，再来光大我的门庭吧！"。

吕不韦说："这您就有所不知了，我家门庭，要靠您的门庭光大而光大啊。"异人一听赶紧招呼吕不韦坐下，两人开始深谈。吕不韦掏心掏肺地说："我听说安国君最宠爱的是华阳夫人，华阳夫人没有儿子，可是贵国对立太子说了算的，还真就只有华阳夫人一个人。您兄弟二十余人，您又居中，而且'久质诸侯'。等大王一死，安国君立为王，您怎么能有机会和长子还有其他公子争做太子呢？"

吕不韦又说："您不光是穷，还客居在这儿，没有孝敬您长辈和结交宾客的钱是不行的，请让我用千金为您往西边跑一趟，疏通华阳夫人，立您为王位继承人。"这话说得异人精神一振，知道这吕不韦绝非常人。吕不韦说："子傒按顺序是要继承君位的，又有母亲在宫中。您没有母亲在宫中，又寄居在这个不可测之国，一旦两国毁约，必将凶多吉少。我去一趟秦国，秦国必然会来接您回去。"异人的大哥、安国君的长子公子傒，与华阳夫人不和，这是公开的秘密。吕不韦要做的文章，就是从这儿入手。异人大喜，激动得赶紧叩头，当场发誓说："先生此计若成，我愿将秦国与您共享。"

随后，吕不韦拿出五百金送给异人，让他广交宾客。然后，又拿出五百金买了奇珍异宝，自己入秦去游说。吕不韦游说的目标很清晰，就是华阳夫人。华阳夫人来自楚国，她并不是安国君的正妻，而是爱姬，但却牢牢掌控了立太子的关键。然而，唯一的遗憾就是没有子嗣。将来安国君能当秦王是没有问题的，可是安国君"百年"以后怎么办？这是华阳夫人心头的一大隐忧。而吕不韦正是看透了华阳夫人的心思。

吕不韦来到秦国都城咸阳，先在王宫附近找了个旅店住下，然后开始琢磨如何方能见到华阳夫人。吕不韦作为一个外国来的商人，想要见到居于深宫的华阳夫人又谈何容易？即便见到了，自己又如何能够说服刚刚认识不久的华阳夫人呢，她凭什么相信自己呢？经过考虑，吕不韦决定去拜见华阳夫人的姐姐和弟弟，请他们把珍宝、华服转交给华阳夫人。顺便提到了在赵国的异人，说异人聪明贤能，在邯郸结交的诸侯、宾客遍及天下。

俗话说："人无远虑，必有近忧。"吕不韦教给华阳夫人姐姐的话，一下子击中了华阳夫人内心的隐忧。她知道安国君对她宠爱有加，言听计从，全因为她的美丽。虽然她没能为安国君生出儿子来，而且现在看来也没有妨碍安国君对她的宠爱，但是她终究有一天会年老色衰，安国君此时已经五十多岁了，而她还不足三十岁。将来，连个儿子都没有的她在安国君死去之后依靠谁呢？这是华阳夫人不得不考虑的现实问题。如果想要在安国君死后还能享受富贵荣华，还能生活有保障，华阳夫人就必须在安国君的二十多个儿子中挑选一个对她孝顺的人。但是什么人会对她孝顺呢？这二十多个儿子，都不是她的亲生子，他们凭什么会对她孝顺呢？

吕不韦给华阳夫人出了一个主意，那就是未雨绸缪。通过立恩的方式，先施恩于前，让将来的太子报恩于后。先对某个可能被立为太子的儿子施恩，是保证自己将来永享富贵的前提。而此时，在安国君的儿子们当中，只有异人符合华阳夫人施以恩情的条件。因为除了异人，其余的儿子们都生活在咸阳，锦衣玉食，没遇到什么危难和困苦。而异人孤身在外，天天生活在贫困的阴影之下，时时笼罩在死亡的恐惧之中。如果将异人认做儿子，迎之回国，并立之为太子，这种恩情对异人来说岂不是恩同再造？对异人有了这样的再造之恩，还愁他将来不孝敬吗？经过吕不韦的点醒，双方一拍即合。于是华阳夫人开始对安国君吹枕头风，并且很快就解决了王位继承人的问题，而且还逼得安国君用玉符作为凭信，立异人为嫡嗣。

可是这时候秦昭襄王还没死呢，正和赵国较着劲，跟他说把王孙

085

第三章 不韦投资，政治博弈

异人接回来，是大大地不合时宜。于是安国君和华阳夫人就托吕不韦给异人送了好多礼物，黄金三百镒、华服一箱，又请吕不韦做异人的老师。如此一来，异人在诸侯中的名声就越来越大了。

那时赵国的邯郸，是繁华鼎盛之都。邯郸的有钱人，家里都养了一些歌姬，请人到家来吃饭时，就让歌姬出来歌舞助兴。吕不韦就娶了这样一个歌姬，叫赵姬。异人有一次和吕不韦一起饮酒，看到赵姬，竟神魂颠倒，站起身来向吕不韦祝酒，请求把此女赐给他。当时，吕不韦很生气，但转念一想，自己为异人已破费了不少家财，为了以后的宏图，又何必吝惜一个女子？于是转怒为喜，拱手奉送。

后来，吕不韦又护送异人逃回秦国，马上就去见安国君和华阳夫人。见面之前，吕不韦灵机一动，让异人穿了一身楚国的衣服。楚国尚红，异人就穿了一身大红袍。华阳夫人一见，非常喜欢，说："我就是楚人啊！"于是，视异人为亲生儿子，亲自为他改名叫子楚。安国君当然也很欣慰，让子楚吟诵几段诗来听听。

子楚老老实实回答说："孩儿年少时被捐弃在外，没有师傅教，所以不习于诵。"安国君叹息一声，也就作罢，让子楚留在宫中住下。公元前251年，秦昭襄王去世，安国君即位，是为秦孝文王。子楚对安国君献计说："您是曾经在赵国游历过的，赵地的豪杰与您结交的不少，您返国之后，他们都西面而望，希望您能照顾照顾他们。可是您不曾派过一名使者去安抚，臣怕他们皆有怨心。为防这些人混进秦国，滋事生非，应该让边境早闭晚开。"安国君认为这意见甚好，对子楚的才干大感惊奇。华阳夫人就趁机进言，让安国君立子楚为嫡嗣。安国君在兴头上，正式发话："寡人之子，没有谁比得上子楚。"由此，确立了子楚的继承人地位。

然而，成为了太子并不等于就此万事大吉，成为太子之后的子楚并没有安全感，他的二十多个兄弟并不会因为他已经被立为太子而善罢甘休。再说了，子楚可没有忘记当年在赵国的时候，公子傒鼓动秦昭襄王拼命攻打赵国，差点让他丢掉性命的事。君子报仇十年不晚，当时他远在赵国，是个可怜巴巴的要仰人鼻息才能生存的质子，现在可是不一样了，他已经贵为太子，是华阳夫人的儿子，再加上有吕不韦的辅佐，是到了他报仇的时候了。所以，子楚一被立为太子，就开始琢磨如何对付他的那些兄弟了。但是，当子楚说出想要除掉自己的兄长公子傒的时候，吕不韦并不同意。吕不韦并没有把公子傒放在眼里，在他看来，真正的问题是刚刚登上君主之位不久的秦孝文王。

作为一个商人，吕不韦已经等不及想要收获了，现在子楚已经被他从一个扣押在敌国作为抵押品的质子，成功地推上了太子之位，太子离君主只有一步之遥，但就是这一步之遥，往往许多人等不到，只要一天不成为君主，都有被废掉的危险。子楚虽然说有华阳夫人的帮助，但也并非可以高枕无忧，更重要的是，秦孝文王刚刚继位不久，子楚这个太子什么时候才能继承王位，成为秦国的君主呢？这个时间如果过于漫长的话，他吕不韦是等不起的。

子楚不明白吕不韦的心思，奇怪地说："只有除掉了公子傒，才没有人来跟我争夺权力！"吕不韦说："你们兄弟二十多人，如果仅仅是除掉公子傒，不仅不能马上接班，而且还会引起公愤！到那时，可能还会有第二个、第三个乃至更多的公子傒出现，如果出现这样的局面，你我所有的努力，都会付诸东流！"吕不韦说到这里就没有往下说了。

吕不韦一席话说得子楚垂头丧气，于是问："那你说怎么办？"吕不韦并没有直接给子楚答案，因为秦孝文王毕竟是子楚的父亲，子楚虽然有胆量对付自己的兄弟，但是他是否有胆识、有勇气对自己的父亲下手，吕不韦也并没有把握。但是吕不韦还是暗示了子楚应该除掉自己的父亲——现在的秦王，早点登位，这才是解决问题的关键。到时候，他子楚想要怎么对付他的那些兄弟就是很简单的事情了。

子楚想了半天，犹豫不决，最后问："这不是太危险了吗？"吕不韦听了子楚这句话就已经心中有数了。吕不韦知道只要子楚有这个意愿，那就好办了，只要自己再加把油，给子楚壮壮胆子就成了，于是继续鼓动子楚说："只有危险才能带来安全，如果再等二三十年，谁知道又会发生什么变化？"

子楚一听也慌了，从一个不被待见的质子到强大的秦国太子，子楚太知道这中间的差别。只有像子楚这种吃过苦的人，才更懂得现在的荣华富贵来之不易，他可再也不想过那种朝不保夕的日子了。于是子楚心一横，问："你有什么成熟的计划吗？"吕不韦表面不露声色，心下大喜，但是他嘴上却假装推辞："这可是你的主意，我没有让你这样做，到时你可不要把责任推到我头上。"

子楚这个时候急于要解决问题，只要吕不韦能够帮助他解决问题，让他成功登上王位，他什么事情都敢答应吕不韦。于是他急不可待地说："你放心好了，我不会让你背负任何责任，反而会对你感恩。现在你可以说说计谋了吧？"吕不韦这个时候赶紧拍马屁、表忠心："臣不敢说是计谋，只要能为太子您早日实现登基的愿望，臣万死不辞。依臣之见，殿下不仅要除掉政敌，还要铲除后患，并且在最短的时间内完成。"

子楚不解地问："为什么？"吕不韦解释说："如果你只除掉你的父亲，其他的兄弟一定会以此为借口报仇，时间一长，难保不会出乱子。"子楚一想，确实是这样，只要父亲一死，他的那些兄弟一定能猜到自己会跟他们算账。但是子楚又担心杀父的事情被人识破，吕不韦告诉他不必担心这些问题，他早已给子楚准备好了毒药，是种无法检查出来的毒药。到这个时候，子楚再愚蠢也知道吕不韦早已计划好了杀掉自己的父亲，但是他也没有别的办法。

秦孝文王吃了被子楚下了毒的药之后就开始卧床，然后病情一天天恶化，到了第三天，他已经不能开口说话。子楚早就安排了卫兵，随时准备应付二十多个兄弟来问罪。果然不出所料，到了第三天，以长兄公子傒为首的兄弟们守在寝宫外。他们都说不让他们进去守候父亲，是有阴谋！言下之意就是华阳夫人与子楚阴谋夺权。子楚见自己稳操胜券，加上他已经吩咐下去：以五名武士对付一个兄弟，只要其中有一个兄弟违纪，这些武士就会像饿虎扑食一样，把这帮弟兄一个个抓起来。如果按照吕不韦的意思，只要这二十多人有一个敢"叛逆"，就应该全部杀掉。这让子楚有些犹豫，子楚担心他们一旦全部和自己翻脸，自己斗不过这些人。后来，子楚见父亲已经奄奄一息，加上他觉得自己投毒的事没有引起父亲和其他人的怀疑，所以就让这批兄弟进寝宫探视。

公子傒首先发难，说是子楚没有照顾好父亲，接着其他兄弟也质问子楚。华阳夫人起身为子楚解围。由于担心事情失去控制，于是子楚便命人将这些兄弟都抓了起来。此时，大局已定，只等着秦孝文王咽下最后一口气。秦孝文王也果然没有辜负吕不韦和子楚的"期望"，在卧榻上看见自己的儿子手足相残，气急攻心，仅在位三日就此归西了。俗话说：国不可一日无主。在场的一百多位大臣立即提议让太子继位。子楚在大家的劝说下，先跪拜了父亲遗体，然后祭拜天地、列祖列宗，算是临时当了国王（即秦庄襄王）。庄襄王尊称华阳夫人为华阳太后，尊称生母夏姬为夏太后。

子楚，现在应该叫他秦庄襄王，最终还是改变了主意，没有杀掉自己所有的兄弟。他改变主意，既不是因吕不韦的规劝，也不是因为他突然良心发现，念着骨肉亲情而放过这些兄弟，而是出于对吕不韦的忌惮。子楚比任何人都明白自己是怎么在吕不韦的扶持下一步步当上秦国的国王的，对于吕不韦的手段他也清楚得很。没有继位之时，他要杀掉自己的兄弟，是因为担心他们和自己争夺王位，现在自己已经成为了君王，他们如果再敢和自己抗衡就成了谋反。这个时候，子楚最担心的人反而成了吕不韦。

吕不韦阴险狡猾、手段毒辣，虽然说如果没有吕不韦，就不会有自己的今天，然而子楚一直在怀疑一个问题，那就是当年在赵国的时候吕不韦送给自己的赵姬，还有她生下的那个叫嬴政的儿子，到底是不是自己的亲生儿子。子楚虽然没有证据，但是从那些不断流传到他耳朵里的风言风语，他已经开始对吕不韦产生了怀疑。子楚想，假如把自己的兄弟全部杀光，假如赵姬所生的嬴政是吕不韦的儿子，到时候吕不韦有什么不轨的话，有谁会来帮助自己？到时候，秦国的江山岂不是落入了吕不韦父子的手里？想到这里，子楚不寒而栗。

子楚虽然对赵姬有所怀疑，但苦于没有证据。再者，现在吕不韦的耳目遍布朝野，加上诸侯各国与秦国结下了深仇，还需要吕不韦。想到这里，他决心一定要更好地利用吕不韦，同时也要保全自己的兄弟，只要自己到时候有了根基，再除掉吕不韦也不晚。最后，他宣布任命吕不韦为丞相，封文信侯，将西周河南城、周朝故都洛阳城的十万户作为他的封地。

无论如何，吕不韦的投资已经产生了巨大效益。封侯拜相，成了秦国一人之下万人之上的权贵，要钱有钱，要势有势。但是对于吕不韦而言，最重要的回报远远不止如此，他的投资回报是一个国家。他"千金买国"之构想，到此已全部实现，同时这也仅仅是吕不韦腾达的开始。

不韦掌权，军政谋略

吕不韦以商人的智慧"兼并"秦国，同时还具备高超的政治谋略与精当的学术见解。这是他的卓越之处。吕不韦在当政期间，无论

文治还是武功都取得了卓越的成就。在武功方面，秦国在中原地区稳步发展，并最终在战国后期的整个战局中，确立了主动与绝对优势的地位。吕不韦武功平天下的第一步棋，就是灭亡了在巩地（今河南巩县）的小国东周。

战国前期，在周王室的领土内分裂出了东周及西周两个小国。公元前256年，秦昭王灭西周，同年，周赧王死。但东周仍遗存着，东周的统治者称周公。周公虽不称"天子"，但毕竟是周王室的残余，所以他的存在被秦国统治者认为是统一华夏的一大障碍。然而，一时之间，秦国也找不到合适的借口进攻。就在这个时候，东周却自己向秦国的刀口上撞来。

秦庄襄王元年（公元前249年），东周不自量力地联合各诸侯国图谋进攻秦国。吕不韦抓住时机，亲自率兵征服东周，轻而易举地将其领地并入了秦国版图。接着吕不韦又下令：将周公迁到阳人（今河南临汝西），让他奉其宗祀，延续着有名无实的周人宗室。吕不韦的这一措施，表现出他不同于以往君王的政治眼光，消灭东周的实体，但又不绝其宗祀，这正符合儒家"兴灭国，继绝世，举逸民"的思想。一百多年来，秦国以武力征伐东方各国，在东方各国中留下了非常恶劣的印象，人们常斥之为"虎狼之国"、"凶残暴虐"、"仁义不施"等，人们的口头禅都是"暴秦"。吕不韦在各国经商，了解这些情况，所以他一上来，就着手改变秦国形象，缓和矛盾，统一人心，为对外攻伐作准备。吕不韦这一举措既铲除了走向统一的一个政治障碍，又为自己树起了崇奉"礼"、"义"，施行"兴灭"、"继绝"的善举形象。这种形象，对于赢得天下士人的好感、吸引天下士人投奔秦国，具有十分重要的意义。

同年，吕不韦又派将军蒙骜率军进攻韩国，韩桓惠王被迫将成皋和荥阳（均在今河南荥阳境内）一带割让给秦国。秦随即在那里建立了三川郡。成皋和荥阳历来是兵家必争之地，秦国取得它们，便控制了关西通向关东各诸侯国的一条要道，也为秦国的东进开辟了前沿阵地。至此，秦国的东部边界逼近魏国的都城大梁（今河南开封），秦军的锋芒可由三川郡直指魏国的心脏。

在国内，吕不韦也采取了一系列的举措。《史记·秦本纪》说，"庄襄王元年，大赦罪人，修先王之功臣，施德厚骨肉，而布惠于民"，这不是法治，而是儒家的仁政。

"大赦罪人"，赦免犯人的罪行，大多数罪犯可以回家过年。秦国自商鞅以来，执行严格的法令，虽然有益于富国强兵，但动不动就犯法，容易造成民心散离，上下对立。赦免罪人，可以适当缓和社会矛盾。

"修先王之功臣"，表彰先王的功臣，为商鞅、魏冉、白起等平反昭雪，抚慰那些遭到不公正待遇的官吏，有助于团结人心，重塑国家形象，提高行政号召力。

"施德厚骨肉"，骨肉就是秦国的王室宗亲。自功爵制度推行以来，原来的贵族若没有功勋，就失去贵族待遇，甚至连华丽衣服都不能穿，这固然能刺激国民的功名心，对王室宗亲却是一个打击，让他们觉得寒心。现在亲厚宗亲，则能加强王室的凝聚力、亲和力。

第三章　不韦投资，政治博弈

"布惠于民"，扶植弱势群体，保障他们的利益，百姓感受到这恩惠，当然更愿意为国家效力，从而适当调动或提高国民对劳役和兵役的积极性。

秦庄襄王三十二岁立为秦王，正值壮年，又有吕不韦辅佐，年年攻伐三晋，国界与魏国大梁相接，魏国彻底没有安全感了，亡国之祸就在眼前。看国家岌岌可危，魏王开始想念他的弟弟信陵君。邯郸之战结束后，信陵君是赵国的救星，却成为魏国的罪人，不敢回去魏国，就在赵国住下，一住就是十年。他不在魏国，魏国就没有人能抵挡秦国的进攻。魏王放下架子，派人请信陵君回来。

在这十年中，信陵君在赵国过得很逍遥，不想自入虎口，落到魏王手上。当时，有毛公、薛公两个人，说："公子重于赵国，名闻诸侯，完全是因为魏国的缘故。现在秦国连续攻魏，形势紧迫，公子却在一旁观望。如果秦国攻破大梁，尽毁先王宗庙，你也是魏国公子，有什么颜面立于天下？"话没说完，信陵君就变了脸色，立刻驾车归救魏国。魏王见到信陵君，拉着他的手哭了，拜他为上将军，统帅魏国军队。信陵君派出使者遍告诸侯，诸侯各国听说信陵君又回来了，都派兵支援。在信陵君的统一指挥下，魏、赵、韩、楚、燕五国再次联合起来，在大梁西边的黄河以南地区，大破秦军，并乘胜追击。蒙骜边打边逃，一直逃进函谷关，躲在关内不敢出战。

这是山东五国合纵抗秦的最后一次胜利。信陵君由于享有崇高的威望与号召力，因此能够两次领导诸侯联军战胜秦国。有此两仗，信陵君威名盛于天下。很多人把诸侯的存亡寄托在他身上，纷纷进呈兵法，就是俗称的《魏公子兵法》。到西汉末年、王莽时代，还有《魏公子兵法》二十一篇，图七卷，但没有流传下来。在一霸独强、各国弱小的格局中，各弱小国家若能精诚团结，推举出有威望而能干的统帅，完全可以与强敌周旋，甚至保全。但这恰恰是最困难的，各国领导人必须有共同一致的政治眼光，坚定不移地支持团结大业，不怕强敌威胁，不被敌人离间，不给敌人机会，才能持久地对抗强敌。

吕不韦是秦国丞相，如何消除国门前的危机，秦庄襄王自然要跟他商量。一直以来，离间计是秦国战胜敌人的拿手好戏，于是秦国再一次悄悄派出间谍，携带万斤黄金（其实是黄铜，而不是金子）去了魏国。间谍找到晋鄙（被信陵君门客朱亥椎杀的那个魏国大将）的亲信，用重金贿赂他，要他在魏王面前诋毁信陵君："信陵君流亡在外十年，一做魏将，诸侯就听他调遣，各国只听说有信陵君，而不知有魏王。他现在正想乘这个机会，南面称王。诸侯害怕他的威名，也一致拥立他。"

从司马迁的笔法来看，开始魏王是不相信的。秦国就一而再，再而三地离间，多次派人去祝贺信陵君，说一些模棱两可、似是而非的话："公子立为魏王了吗？""什么时候举行大典？"也把这些话尽量传递到大梁去。魏王天天听到这些流言，终于动摇了，派人接替信陵君。信陵君很害怕，也很失望，于是就直接请辞在家，饮酒度日。耽于酒色四年，最后"病酒而卒"。同一年，魏王也死了。信陵君一死，吕不韦就派蒙骜率兵攻魏，夺得二十个城邑。

吕不韦用这样的手段除掉了信陵君，谋略本身虽无新意，却屡见成效。可见六国之亡，不完全亡于秦国的军事打击。

秦庄襄王三年（公元前247年）五月，王卒，子嬴政立。秦庄襄王在位三年，秦国增加两个郡，其中有吕不韦的功劳。嬴政是为秦王，年十三岁。吕不韦为相国，全权代管秦国事务。但军权在太后手上，必须盖上秦王与太后两个人的印章（玉玺），才能调动军队。

吕不韦做了十二年相邦，总结起来，秦国在这一时期政治、军事上的成就如下：

秦庄襄王元年（公元前249年），灭东周国，不绝其祀。蒙骜伐韩，韩献两城。初置三川郡。二年，蒙骜定太原。三年，蒙骜攻魏国两城；攻取赵国三十七城。王龁定上党，置太原郡；化解五国攻秦。

秦王嬴政元年（公元前246年），蒙骜平晋阳，重建太原郡。二年，攻取魏地卷，斩首三万。三年，蒙骜伐韩，取十三城。四年，攻魏，取两城。五年，攻魏，夺二十城，建东郡。六年，败五国联军于函谷关外。攻魏，取朝歌城。七年，攻魏，取三城；攻赵，取一城。八年，长安君攻赵，后反叛，死于屯留。九年，攻魏，夺三城。

人才上的成就，武有蒙骜，文有李斯（当时他还只是吕不韦的幕僚）。经济上的成就，郑国渠建成之后，新造良田四万顷，秦国更加富饶，为统一六国提供了粮食储备。这些准备为后来秦朝的统一大业奠定了坚实的基础。

《吕氏春秋》，流传后世

如果说吕不韦执政时期秦国在军事上的胜利，是借助了以往几十年打下的基础，并有相当一部分应归功于秦军将士的英勇善战的话，那么，在这一期间，秦国在文治方面取得的成就，就紧紧地与吕不韦联系在一起了。吕不韦给秦国的思想文化开创了一个崭新的局面，写下了一段辉煌的篇章。

吕不韦执政时期，全国统一的迹象已经十分明朗，当时一些思想家和政治家，都在研究完成统一中国的军事和政治策略，以及统一后的国家如何进行统治的问题。吕不韦也在思考。他采取了兼收并蓄的方法，来建构他的理论体系。他认为，人和物都有其长与其短，只有善于吸收和利用别人之长补己之短者，才能得到天下。

秦国虽有任用外来人才的传统，但长期以来，为秦国所欢迎的，主要是持法家观点的人物，这使秦国的文化单一而贫弱。吕不韦任秦相后，广泛地从东方吸收、引进人才，诸子百家各派人物都欢迎。吕不韦养的门客，各家各派都有，囊括了儒、道、法、兵、农、占星、阴阳、纵横等流派。其中有一位，就是后来为秦统一六国立下大功的李斯。而

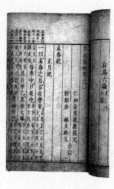

吕氏春秋（节选）

吕不韦最为出名的用人策略是甘罗拜相。

秦王嬴政时期，秦国与燕国结盟，秦国要派人到燕国当相国。吕不韦想启用张唐，张唐不答应。回到家中，吕不韦很不高兴，甘罗看到了就询问他原因。

甘罗是秦将甘茂的孙子，也是吕不韦的门客。吕不韦就原原本本地将这件事告诉了甘罗。甘罗听了笑说："相爷，这事交给我吧，我能劝服张唐去燕国。"吕不韦不太相信，便说："你若能劝服张唐，我就拜你为上卿。"

甘罗找到张唐，开门见山地问："先生，您与白起的功劳哪个大？"张唐说："这还用问么？当然是白起大。"甘罗又问："文信侯与当年的范雎谁的权力更大？"张唐说："自然是文信侯的权势大！"甘罗笑笑说："当年白起攻打赵国，范雎不肯，结果逼得白起自杀；现在文信侯要您去燕国，您却推辞不去，这样做岂不是很危险么？"张唐一听，非常惶恐，只好答应了去燕国做相国。

甘罗回到相府，将事情的原委同吕不韦交代清楚，并对吕不韦说："张唐去燕国不是出于自愿，我们不能大意，您不如先派我去趟赵国。"吕不韦领略了甘罗的才华，便答应他去赵国。

赵王正在为秦燕联盟的事而愁苦，听说秦使来到，急忙迎接，等接到一看，竟是个小孩子。赵王惊讶地问："你今年多大了？"甘罗说：

"十二。"赵王便问:"难道秦国没有年纪大些的使者么?怎么会派你来呢?"甘罗丝毫不示弱地说:"我们秦国的用人原则是,年龄大的人办大事,年龄小的人办小事。我最小,自然派我来赵国了。"言外之意就是,赵国最小。可见,甘罗不愧为出色的外交人才。

赵王一听这个不敢再小觑甘罗,于是恭敬地问:"先生来到我们国家是为了什么呢?"甘罗说:"大王您知道我们国家与燕国结盟的事了么?"赵王说:"是的。"甘罗接着说:"秦燕结盟对赵国是极为不利的,这个您清楚么?"赵王点头:"那您认为应该怎么办呢?"甘罗微笑着说:"秦燕结盟不过是想扩张河间的地盘,若您能拿出河间五城交给秦国,那么,我可以说服秦王不与燕国结盟,而与赵国联盟。这样,赵国就可以攻打燕国了。"赵王心想如果秦燕联合作战,河间是保不住的,与其这样还不如以河间求得安宁与犯燕,于是将河间五城交给甘罗带回秦国。

甘罗回到秦国,将在赵国得到的五城奉到秦王面前,秦王高兴地说:"你的智慧比你的年龄要高出很多啊!既然这样就不要让张唐去燕国了,我们与燕国绝交,派兵攻打燕国。"这样燕国的三十座城又落到秦国手里。赵国又把十一座城池献给了秦国。

随后,秦王拜甘罗为上卿。秦王的善于用人,固然与秦王的远大抱负和魄力有关,但也不是没有吕不韦的关系。如果没有吕不韦的信任和推荐,甘罗纵使有千般能耐也无法脱颖而出。吕不韦用人不避年少,使得秦国家家望子少有所成。其他国家的人才看到,也纷纷前来投靠,这进一步壮大了秦国的人才队伍,为秦国的强大作出了贡献。

吕不韦在思想上的宽容，使得秦在统一六国之前，就建立了一个集当时智慧之大成的意识形态体系。他借助这些人，开始考虑如何统一、统一以后又如何进行长久统治的问题。这些思想智慧，就集中在他组织门客编写的杂家著作《吕氏春秋》里。春秋战国时期的诸子百家，有很多论述涉及政治学，但此前没有一部是有组织地为建立一个大帝国而准备的。诸子之书各有擅长，像《吕氏春秋》这样融汇各家理论的，绝无仅有。《吕氏春秋》的编纂，开了实用政治学的先河。

当时，咸阳的集市有大门，吕不韦把钱悬挂在大门上，布告天下说，谁能增损一字，赏千金。大概是出于畏惧，奖金虽多，但无人应征。那个时候，识字的人想得多，顾虑也多，不肯轻易响应。吕不韦的谋略重点似乎并不在一字千金，而是借这个机会，宣扬秦国的文化建设。

《吕氏春秋》又称《吕览》，分为"十二纪、八览、六论"三大部分，每一部分的篇数固定，外加一个序言，共计一百六十篇。其中"十二纪"是全书的要旨，分为《春纪》《夏纪》《秋纪》《冬纪》四部分。本书的涵盖广大，号称要"（效）法天地"，所以"十二纪"就是象征天，以十二月令为篇章序列。《春纪》谈养生之道，《夏纪》谈教育及音乐理论，《秋纪》谈军事，《冬纪》谈道德品质。

"八览"，是从开天辟地说起，说到做人、治国、明理，涉及了驭民之术、为君之道等。

"六论"，则是杂论各家之说。

在整齐的篇章形式下，《吕氏春秋》包容了相当繁杂的内容。汉代历史学家班固说它是"兼儒墨，合名法"，清代一位学者认为它是先秦"诸子之说兼而有之"。的确，参加编写《吕氏春秋》的学者来自各方，带来了各种不同学派的观点。但是，仔细分析《吕氏春秋》的内容，可以看到它还是有自己鲜明的思想倾向的。它并不是机械地照搬儒家、道家、法家、农家、兵家与阴阳家等原有观点，而是按照当时的政治需要有所选择和扬弃。

《吕氏春秋》首先对法家的一些有用观点作了肯定。法家提倡求实，"法后王"即注重当前现实，反对空谈"法先王"，效法先王。在《吕氏春秋》中，《离谓》、《当务》、《察今》、《不二》等篇都阐发了这些观点。法家主张法令划一，君主必须控制权柄和谙熟权术。《吕氏春秋》中的《有度》、《慎势》、《具备》、《任数》、《勿躬》、《知度》等篇，就专门谈到了以法治国及人君面南之术。

但《吕氏春秋》在主张法治以外，又倡导加强礼义教化，"以德以义，不赏而民功，不罚而邪止"。《吕氏春秋》十分赞同"君臣议"。它举了两桩史实说明这一道理。

其一是：春秋时代晋国的贵族智伯被赵襄子所害，晋国的一部分也被赵国瓜分。智伯的一个臣子豫让决心为智伯报仇。他把自己的胡子眉毛全剃光，全身涂黑，又弄得断肢残手，穿上破烂衣服，回到家中向妻子行乞。他的妻子见来人模样像讨饭的，可开口说话的声音却像自己的丈夫，十分生疑。见此，豫让离开后又吃木炭，把嗓子弄哑，让妻子也分辨不出他的声音。伪装成功后，豫让准备去暗杀赵襄子。这时，豫让的一个好朋友见他如此残害自己，就问他："你怎么想出这样的主意？"

豫让说："我要替智伯报仇。"这位朋友批评他说："可是，你这样做简直是白受罪，不会有什么结果的。你的精神固然可嘉，却极不明智！以你的才能去投奔赵襄子，赵襄子必定会重用你。到那时，你再想办法杀死他，不是方便得多吗？"

豫让却反驳说："此言差矣！照你说的这么去做，就是为旧君而害新主，违背君臣之义，还有比这种事更严重的吗？这和我报仇的初衷是背道而驰的。我所以要为智伯报仇，正是为了维护和发扬君臣之义，而不是要走什么捷径。"

其二是：春秋时莒国的柱厉叔是莒敖公的大臣。柱厉叔发现莒敖公并不怎么信任自己，就知趣地辞官而去。然而有一天，有消息说莒敖公被敌人围困，十分危急。柱厉叔立即向友人告别，准备去莒敖公处与其同死。有人劝他说："当初，因为莒敖公不信任你，你才离开。现在你却要去与他同死，这岂不是对你信任和不信任都没有区别了吗？"

柱厉叔却严厉地驳斥说："不对！以前，因为他不信任我，我才离开他。现在他有难，我若不去，那就恰恰证明他当初不信任我是对的。我就要在这个时刻去与他共患难，用这种行为警示那些不能识别忠臣的君主，让他们内疚、自责。这样，后世的忠臣就不会像我一样被误解。忠臣不为君主所误解，那么，君王的地位就会永远稳固了。"

从这两个故事，我们不难发现《吕氏春秋》维护君臣之义的目的。

《吕氏春秋》对道家和"无为而治"思想也作了发展和运用。它认为，君主只要在用人上下功夫，"贤主劳于人，而佚于治事"（《季冬纪·士节》）。《吕氏春秋》还有许多墨家的观点，宣扬"尚贤"、

"非攻"、"节葬"等思想。

身为秦国丞相的吕不韦，以杂家的身份出现，说明他认识到单纯地用某一家一派的观点来治理国家，是有缺陷的；而秦国只用法家的主张进行统治，也是不行的。所以，他提出兼采各家，尤其倡导融会儒、法两家的政治策略，以利于统治和管理。《吕氏春秋》其实是吕不韦的一个施政纲领。

然而可惜的是，《吕氏春秋》问世没多久，就被秦始皇打入冷宫。秦国依然沿着峻法治国的道路走，使秦国的统一犹如昙花一现。郭沫若曾在其《十批判书》中指出："假如沿着吕不韦的路线走下去，秦国依然是要统一中国的，而且统一了之后断不会仅仅十五年便迅速地彻底崩溃。"这虽属推测，但从汉代统治思想的变化及效果看，此话是有一定道理的。

第三章　不韦投资，政治博弈

第四章
嬴政即位，发威收权

　　秦庄襄王去世之后，十三岁的嬴政即位。由于秦王嬴政年龄尚小，便由吕不韦辅政。此时的吕不韦手握大权，操持朝政，秦王嬴政只能忍气吞声。随后，国中又出现了嫪毐乱政，此时已经成年的嬴政果断地平定了叛乱，并且乘机收权，罢免了吕不韦。在这个过程中，秦王嬴政表现出了卓越的帝王之术。此后，秦国便在秦王嬴政的治理下，更加强盛。

生母乱情，嬴政迷根

秦王嬴政是继秦庄襄王（子楚）之位，以太子身份登上王位的。关于嬴政生母的身世，史书上并未明确记载。有的人说她自幼家境贫寒，迫于生计做了歌舞伎。也有人说她是赵国大将的女儿，舞技超群，但后来家道中落，沦落风尘。据说曾为吕不韦的爱姬，后献予子楚，被封为王后。秦王嬴政称吕不韦为"仲父"，秦始皇到底是子楚的儿子，还是吕不韦的儿子，对此后人争议不休。

想当初，在吕不韦的努力下，子楚被立为了安国君的继承人。之后，子楚的处境和地位都发生了很大的变化：安国君和华阳夫人给了子楚足够的钱财，还让吕不韦做他的老师，扶助子楚。吕不韦于是长住在了邯郸，和子楚一起广交天下宾客，等待着子楚回国做太子和继承王位的那一天。

当时，吕不韦有一个小妾赵姬（因她在赵国的都城，所以历史上称她为赵姬），长得十分漂亮。在影视或文学作品中，就有了这样的情节：一天，吕不韦对她说："我想把你许配给子楚，好不好？"赵姬听后，大吃一惊说："我已经有了身孕了。"吕不韦说："正因为这样，我才要把你配给子楚。"赵姬问："为什么？"吕不韦说："子楚已经被安国君立为世子，安国君当了国君，子楚就会成为太子，安国君死后，子楚不就是秦国的国君了吗？秦国的天下不也就是我们吕家的天下了吗？"赵姬虽然很不情愿，听了这些话以后，还是同意了。在一次酒宴上，吕不韦就把赵姬配给了子楚。赵姬嫁给子楚不久便生下一男孩，这个男孩不是别人，正是后来的秦王嬴政。

《史记》记载："（赵姬）至大期时，生子政。"期（古音为jī），即一周年。就是说子楚娶了赵姬一年后，赵姬才生政。这样算来，嬴政应是子楚所生。嬴政开始姓赵，因为出生在赵国。又因为是生在正月，所以名字叫正，后来又改为政。等到回到了秦国，才改成了国姓嬴。

秦始皇身世之谜中"赵姬有孕、后归子楚"的说法始见于司马迁《史记》，然而明代已有学者指出此说乃"战国好事者为之"。

但此说为班固所接受，于是《汉书》直称嬴政为吕政。明代王世贞《读书后记》怀疑这段记载的真实性，提出两条理由：一是吕不韦为使自己长保富贵，故意编造自己是秦始皇的父亲的故事；二是吕不韦的门客骂秦始皇是私生子以泄愤，而编造此说。

从尊重事实的角度看，《史记》是记录秦始皇出身的最古老的证据，也是唯一的证据。从证据对等的原则看，必须有证据否定《史记》的记载，才能否定秦始皇是吕不韦的儿子这个说法。对此学者做了很多研究工作，但都是推理，而没有直接证据。在这种情况下，由于否定一方证据不足，《史记》的说法仍然有效。当然，这里只是肯定了《史记》的说法没有被推翻，还不能认定它的说法就是事实本身。

郭沫若就否定《史记》的说法，认为司马迁记载的是传说，不是信史：1.《战国策》没有相关记载，《史记》的说法为孤证，缺少旁证；2.和春申君与李环的故事情节非常相似，仿佛在读小说；3.《史记》先说秦始皇的母亲是邯郸舞姬，又说她是赵国豪家女，前后矛盾。

郭沫若还推测了这个传说的来源：一是吕不韦自己编造的，好长保富贵；二是吕不韦的门客编造，骂秦始皇是私生子，倒行逆施，逼死父亲，用意在败坏秦始皇与秦国、秦朝的历史形象；三是刘邦的妻子吕后为了控制西汉朝政，授意其党人编造事实，吕不韦是她的先人，天下本来姓吕，刘氏从吕氏那里抢过去，她再夺回来，天经地义。这三种编造都有明确的谋略意图，可惜均是为了私利，所以不值得称道，常常被视为阴谋诡计。

郭志坤《秦始皇大传》对郭沫若的三点质疑，作了针锋相对的批评。他以为：第一，《史记》的记载有不少为《战国策》所不载，没有旁证，照样保持《史记》的真实性；第二，春申君与李环的故事，出于《战国策·楚策》，《史记》所载的故事与此相类似，并不能否定《史记》记载的真实性，只能说明这种斗争手段，在当时是被不少政治上的风云人物所运用的；第三，并没有自相矛盾。司马迁说"吕不韦取邯郸诸姬绝好善舞者"献于子楚，此"姬"即为"赵豪家女"，完全说得通。

郭志坤进一步引证班固称秦始皇为"吕政"之说，还指出："说秦始皇是私生子，并不影响他统一中国的伟大形象。"他认定吕不韦和秦始皇有父子关系的说法，其原因主要有：

其一，这样可以说明秦始皇不是秦王室的嫡传，反对秦始皇的人就找到了很好的造反理由；其二，是吕不韦采取的一种战胜长信侯的政治斗争的策略，企图以父子亲情，取得秦始皇的支持，增强自己的斗争力量；其三，解秦灭六国之恨。"六国"之人吕不韦不动一兵一卒，运用计谋，将自己的儿子推上秦国的王位，夺其江山，因此灭国之恨就可消除；其四，汉代以后的资料多认为嬴政是吕不韦之子，这为汉取代秦寻求历史依据。他们认为秦王内宫如此污秽，如何治理好一个国家，因此秦亡甚速是很自然的。

后世人也有认为上述传说并不能成立的：其一，从子楚方面看，即使有吕不韦的阴谋，但其实现的可能性也很渺茫。因为秦昭王在位时，王位未必一定能传至子楚，更不能设想到子楚未来的儿子身上；其二，从秦始皇的出生日期考虑，假若赵姬在进宫前已经怀孕，秦始皇一定会不及期而生，子楚对此不会不知道。可见，秦始皇的生父应该是子楚，而非吕不韦；其三，从赵姬的出身看，也大有文章。《史记·秦始皇本纪》记载，秦灭赵之后，秦王亲临邯郸，把同秦王母家有仇怨的，尽行坑杀。既然赵姬出身豪门，她怎么能先做吕不韦之姬妾，再被献做子楚之妻呢？这样，就不会存在赵姬肚子里怀上吕不韦的孩子再嫁到子楚那里的故事了。

秦始皇的身世之谜是历史遗留的谜题，尽管各有说法，但是我们还是尊重历史。同时，秦始皇的身世也不会影响他在中国历史中的地位和作用。

嬴政即位，不韦辅政

秦始皇像

秦庄襄王三年（公元前247年）阴历五月，子楚在一片叹息声中故去，留下了偌大的王朝和刚刚十三岁的嬴政。随后，在吕不韦的一手操办下，十三岁的嬴政登上了王位。完成了威严的登基仪式，嬴政就要每天坐在御座上，听吕不韦安排朝中大事。年纪尚轻的嬴政，还不懂得如何治理一个国家，他只知道眼前这个仲父可以帮他安排一切，他要做的就是在宫殿上倾听和学习。

之后，吕不韦坐在章台宫大殿秦王御座的右侧直接处理政务。他不疑心旧臣，对元老也没有成见，还广泛地招贤纳士，使秦国在军事和政治上都更加富有生气。

嬴政登位之初，重头戏还是发动对东方各国的兼并战争，主要对象是韩、魏、燕等国，只是迟迟没有对楚国发动战争。秦王嬴政六年（公元前241年），楚、赵、魏、燕、韩五个国家又一次联合起来抵制秦国扩张。他们推举楚王为首领，对秦军予以反击。吕不韦面对这种境况，决定采用重点打击、分化六国连纵的方法，使得六国联军瓦解。

由于联盟以楚王为首，秦国于是开始憎恨楚国。然而，吕不韦明白要削弱或灭掉楚国，一定要除掉楚国的智囊春申君，于是百般刁难楚国，楚国国王不免迁怒于提出计策的春申君。春申君为了平息楚王的怒火，四处网罗美女供楚王享乐。说来奇怪，春申君送入楚宫的女子甚多，加上原有的楚国妃子，楚国后宫充盈，但楚王却一直没有子嗣，春申君一筹莫展。

有一天，春申君的宾客李园求见春申君，之后将自己的妹妹献给了春申君。不久，李园的妹妹怀孕。一天李园妹妹趁着春申君为楚王无子而烦恼的机会，提出了"保证能长久宠于国君"的良策，这就是将怀了身孕的自己送到楚王身边。有人传说，李园是吕不韦派去楚国的奸细，出这个点子的就是吕不韦。吕不韦献计是不是事实已经成为永久的谜，无从考证了。但是，李园的妹妹确实在与楚王结合后生下了男丁。楚王自然高兴，封李园妹妹为皇后，封小王子为太子。此后，李园鸡犬升天，受宠程度超过了春申君。楚王死后，李园成功除掉了春申君，直接控制了楚国的政权。

史书上说，吕不韦借李园之手除掉了秦国的眼中钉，这是嬴政初登王位时，吕不韦为削弱楚国所做的一件大事。就瓦解六国连纵来说，吕不韦确实作出了不小的贡献，但就李园一事来说，未必可信。李园若掌握了政权除掉春申君，必定会大权独揽，为了维护自己的利益，他也不会向秦国俯首。如果他是吕不韦派去的奸细，这样很有可能背叛吕不韦，成为自己亲生外甥的护卫者。这样，虽然吕不韦达到了除掉春申君的目的，却失掉一个宾客，树立了一个强劲的敌人。也有一种可能是，吕不韦认为李园没有春申君那么有价值和号召力，对付后起的李园比对付春申君容易，所以才使出了这样的计策。李园是否是吕不韦派去楚国的又是一件历史的迷案。

随着年龄的增长，秦王嬴政开始厌倦这种没有发言权、受人牵制的生活。他只是忍耐，他需要时间和时机。童年时期那些难熬的日子，培养出了嬴政很好的忍耐力。此时的他对权力有着强烈的向往，他在这忍耐中学会了权谋，学会了猜忌，也学会了冷酷。

嫪毐受宠，扰乱朝政

太后赵姬原是吕不韦的宠妾，后来吕不韦把赵姬献给了子楚。子楚去世后，二人死灰复燃，又开始私通。但随着秦王嬴政年岁渐长，吕不韦担心此事泄露后会对自己不利。于是，为摆脱赵太后，吕不韦将门人嫪毐推荐给太后。

要得到嫪毐，并不是一件简单的事，当然要吕不韦想办法。怎样进入王宫就是个大问题。王宫禁卫森严，即使达官贵人也不能随便出入，更何况是平民百姓。吕不韦想到了要嫪毐冒充宦官进入宫中的做法。他与赵姬买通了主管宫刑的官员，将嫪毐送到赵姬身边，供赵太后享乐。这样，在外人看来已被处以宫刑的嫪毐顺理成章地进了宫，专门服侍赵太后。嫪毐从一个受过审、判过刑的市井无赖，在吕不韦的指使下，竟然一跃而成为披着宦官外衣的赵太后的男宠，自由出入宫廷，好像从地狱升入天堂一样，乐得心花怒放。赵太后对嫪毐也是相当满意的，后来，竟然怀了嫪毐的孩子。为了掩人耳目，她诈称有病，假装遇见祟物，整日茶不思饭不想，语言颠三倒四，胡话连篇，好像神经错乱一样。秦王嬴政见母后如此疯癫，一面延请太医诊治，一面求神问卜，保佑母后平安。

太后见儿子一片孝心，就趁机让嫪毐以重金贿赂卜者，让算卦先生诈言宫中鬼物作祟，太后才得此病，应避难西方二百里之外。因为秦王嬴政已经怀疑仲父吕不韦和他母后的暧昧关系，现在卜人又说应去西方避难，正好可以疏远她和吕不韦的关系，断其往来，于是便对母后说："雍城（今陕西凤翔）西去咸阳二百余里，往年修建的大郑宫尚在，母后可以暂时到那里居住。"太后心喜，便带着嫪毐徙居雍城大郑宫。

秦王嬴政万万没有想到，母后和嫪毐的这种关系。因为大郑宫远离首都咸阳，很少有人到这里来，嫪毐与太后相处更加亲密。在两年的时间里，太后就生下两个儿子。为了掩人耳目，他们就筑起密室，把两个儿子藏在里面，加以养育。太后与嫪毐还私自商定："他日秦王死后，以其子继承王位。"他们私通生子的丑事，外面也有人知道，只是没人敢说而已。

恃宠于太后的嫪毐，并不以此为满足。他得寸进尺地让太后为他邀赏请功，太后则有求必应，为她的男宠请功于秦王嬴政说："儿子政务繁忙，很少来这里侍候我，嫪毐替儿子侍候母亲有功，应该进行封赏。"秦王嬴政在京城咸阳，日理万机，正努力摆脱相国吕不韦的控制，没有时间照顾母后，又过问不上母后的私生活，因此对母后和嫪毐的丑事，他一概不知。于是秦王嬴政奉母后之命，于秦王嬴政八年（公元前239年），封嫪毐为长信侯，赏赐给山阳（今河南焦作市东南）地，让嫪毐居住，又把河西太原郡，作为嫪毐的封国。太后还赏赐给他许多金银钱财，供他享受玩乐，嫪毐骤然之间成了一位名副其实的新贵。他的宫室车马，与王侯一样华贵；宫中事无大小，皆由嫪毐决定。他还常常带领一批随从，出入赌场、田野，进行赌博、游猎，愈益恣肆，任其所为，令人望而生畏，避而远之。

嫪毐以太后为靠山，私养门客死士，结交达官贵人，他的势力恶性膨胀起来，家童多达数千人，宾客求宦做嫪毐舍人者又多达千余人，在秦国的势力竟然发展到与相国吕不韦不相上下的地步，秦国人常把嫪毐和吕不韦相提并论。他的党羽遍布朝中，秦王嬴政的一举一动、吕不韦的一言一行，嫪毐都了解得一清二楚。担任宫廷卫队的卫尉竭、掌管京师大权的内史肆、主管打猎的佐弋竭、中大夫令齐等一批官员，都成了嫪毐的死党。甚至在秦王嬴政的身边，也安插有嫪毐的耳目。

随着秦王嬴政慢慢长大，逐渐听说隐藏在身边的秘密，很不高兴，但又隐忍不发，一是因为太后掌握着秦国权力，他还不能任意决断，二是因为当时风俗，寡居妇女与男人私通，还能被社会接受和原谅。

刘向的《说苑》中说，嫪毐自己泄露了偷情的秘密。有一次，他与一帮权贵猜拳喝酒，其中一部分人是吕不韦相府的属官，喝多了，双方争斗起来。嫪毐发起飙来，怒睁圆眼，大声骂："我是皇帝假父，你们也敢跟我斗！"与他争斗的人赶紧溜了，回过头来告诉了秦始皇。嫪毐全不知学问礼仪，有些无法无天、为所欲为了。

摄政收权，智除嫪毐

秦王嬴政八年（公元前239年），吕不韦公布《吕氏春秋》，嫪毐分土封侯，两个政治集团都向年轻的嬴政示威，嬴政面临着严峻的考验。《吕氏春秋》反对君主专政，宣传无为思想，主张天下为公，华夏一统，这些理论与当时秦国盛行的法家思想及政策截然相反。吕不韦想用这种理论对嬴政治理国家的方式产生影响。嫪毐则凭借赵太后扩大自己的权势，还想害死嬴政，以扶植自己和太后的私生子。对于这些事情嬴政早有耳闻，只是睁一只眼闭一只眼，毕竟没有惹出什么大祸，就算生了两个同母异父的兄弟，也没有危及到自己的王权、地位，并且当时还没有足够的证据和力量来除掉嫪毐。

秦王嬴政九年（公元前238年）四月，也就是嬴政二十二岁这一年，他去雍城拜祭祖庙，在蕲年宫举行加冠礼，腰佩长剑，正式接掌王权。这个时候，嫪毐开始感到恐惧，决心反叛。而此时的嬴政兴奋而激动，这些年来所忍受的痛苦与不幸，终于熬到了头，他要大干一场。事实上，嬴政对自己亲政早有准备。他心里很清楚地知道，吕不韦和嫪毐在朝中的地位与势力，他希望铲除他们，只是自己还没有名正言顺地掌握政权，力量不够壮大，又没有合适的削弱两方权力的借口而已。嬴政深深明白，他需要培植自己的力量，拥有自己的重臣之后，才可以在时机成熟之时，找到合适的借口将他们除掉。在找到和培养出吕不韦、嫪毐等人的接班人后，嬴政义无反顾地开始了自己的维权和收权斗争。

秦始皇雕像

嬴政亲政后形势陡转。以前那些不敢告发嫪毐的人，见到嬴政亲政便上书告发嫪毐是假宦官，与赵太后私通，并产有两个孽子。嫪毐还同赵太后达成协议，如果嬴政去世，那么他的两个儿子就有权利继承王位。后来这些都传到了秦王嬴政的耳朵里。秦王嬴政心里也在忖度，该如何处置自己的生母和嫪毐。这是件棘手的事，就算赵太后与嫪毐的奸情有两个孩子为证，两人也绝不会承认，赵姬宫中之人必定已被收买或胁迫，不敢开口。况且在秦汉时期，后宫偷情并没有明令的处罚条例，甚至可以说是公开的秘密。加上偷情的是自己的生母，要处置起来就更是难上加难。倘使嫪毐把责任都推到赵太后身上，秦王嬴政就更加没有办法了，更何况嫪毐还有很强的政治势力。如果没有一个十分妥当的说法是难以定罪的。

正在这个时候，也许是嫪毐做贼心虚，还没等嬴政想出合适的处置方法，他便想先发制人发动叛乱。

当时，嫪毐假借秦王玉玺和赵太后的玉玺，将军队调到秦王的宫门前，准备攻打蕲年宫。嬴政探知了消息，命令吕不韦率领军队攻打嫪毐。双方军队在咸阳展开激战，最后杀死了大部分叛兵。秦王下令：凡平定有功者均可赐予爵位，甚至连宦官也不例外。嫪毐战败逃亡，嬴政下令：无论谁活捉了嫪毐都可以赏钱一百万；杀死嫪毐，得赏钱五十万。

没过多久，参与叛乱的人全部被抓住。嫪毐被车裂，灭宗族，两个儿子被扑杀（装入皮囊活活打死）。二十名亲信砍了脑袋，挂在木头上示众，这叫枭首。罪重的都杀了，罪轻的罚为宗庙砍三年柴，这叫鬼薪。被株连、剥去官爵、遭流放的人多达四千多家。秦法严酷，可见一斑。

秦王嬴政的生母赵姬，也被秦始皇迁居槭阳宫（不在咸阳，而在雍，是秦昭襄王建的）软禁起来，不能自由出宫。有大臣反对此种不孝行为，秦始皇下令说："哪个敢来跟我说太后的事，斩！"有二十七个大臣坚持要劝说秦王嬴政，结果都被处死了。

秦王嬴政想要除掉嫪毐，仅仅是因为他淫乱后宫么？当然不是，这里边有更深层的政治原因。嬴政是秦王，他要维护王位，取得政治上的独立。嬴政在捉拿嫪毐之乱的参与者时，人们发现其中有卫尉、内史、佐弋、中大夫等高官参与，这说明当时嫪毐已经具备了一定的政治势力。嬴政的政治眼光是敏锐的，他选择在亲政之后，大权在握之时，对嫪毐发动讨伐，是最好的时机。可见，嬴政也不缺乏政治头脑。他在等到嫪毐发动叛乱后，举兵灭杀，又派吕不韦剿灭，足见其政治手腕之高明。

秦王嬴政十年（公元前237年），一个叫茅焦的人给秦王嬴政上书说："我是齐国人，想跟大王谈谈太后的事。"

秦王嬴政吩咐左右："你去告诉这个家伙，他没看到门阙下还堆着死人吗？"使者原话转告茅焦。茅焦说："陛下车裂假父，有嫉妒之心；扑杀两弟，有不慈之名；软禁母亲，有不孝之行；滥杀忠臣，有桀纣之治。天下知道了，人心离散，还有谁会向着秦国？"

秦王嬴政悚然而惊，立刻拜茅焦为师傅，尊为上卿，然后亲自去迎接母后。为显示孝心，让天下都知道秦国美德，他驾着千乘万骑，把母亲迎归咸阳。太后大喜，赞叹说："安定秦国社稷，使我母子相见，都是茅君的功劳啊。"吕不韦也被安排回封地养老。

其实，真正打动秦始皇的，不是茅焦的话，而是统一六国的伟业（那时李斯已经建言，要秦始皇抓住时机，统一六国，秦始皇也已下定了决心）。迎回母后，接近于儒家的仁政做法。可见秦国名义上虽然专用法家，其实也兼用别家思想，程度轻重不一罢了。

在这场收权的宫廷斗争中，秦王嬴政铲除了威胁他权力的嫪毐，然而，事情并没有结束。吕不韦依然是他的心腹大患，在接下来的时间里，他便开始进一步地扫清障碍。

罢黜吕氏，扫清障碍

嫪毐集团被铲除了之后，秦王嬴政接下来该对付吕不韦了。嫪毐本就是吕不韦的门客，又是他将嫪毐送进赵太后宫中的，他一手策划和实施了这场闹剧，嫪毐的兴亡是怎么都与吕不韦脱不了干系的。秦王嬴政这时已有杀吕不韦之心，并想趁机肃清吕党。

吕不韦为秦国立下奇功，功勋卓著，在朝在野都很有影响力，为他求情的人络绎不绝。嬴政考虑到自己刚亲政，根基不稳，于是决定顺水推舟，先放吕不韦一马，暂时不动他。

秦王嬴政十年（公元前237年），嬴政已经牢牢掌握了国家政权，于是他罢去吕不韦的相国职位，还将其封地改为洛阳。如果是这样一个结局，吕不韦也可谓善终了。如果他能自绝宾客，关起门来颐养天年，也许真的成为官场后世榜样。可惜他缺乏那种警觉。他那么大的名声、那么高的才华，山东六国来请他出山，宾客使者多得道路上随时可见。

秦始皇知道了，有某种担忧。秦穆公懂得"邻国有圣人，敌国之忧也"，他也懂。为防止吕不韦叛变，秦王嬴政于公元前235年给吕不韦写了一封信，信中都是藐视和侮辱的言辞："君于秦究有何功？秦封君河南，食邑十万户。君于秦究有何亲？号称仲父。今可率领家属迁居蜀中，毋得逗留！"

吕不韦恐惧起来，感觉将要大祸临头，心想还不如自杀了事。于是，他就饮毒酒自杀了，他的门人秘密地把他埋葬在洛阳北邙山。秦王嬴政得知后，不仅把吕不韦全家男女老少都贬为官府奴隶，还大肆搜捕吕不韦的门人弟子，将他们或削官夺爵，或流放到偏远地区。

吕氏、嫪氏两大集团都被他一举收拾了，名正言顺，谁都没有怨言，惟嫌处罚时牵连过广。

秦王嬴政的卓越之处就在这里，借着镇压嫪毐的机会，顺势收回权力，理顺君臣关系。嫪毐不得人心，剥夺他的权力似乎并不困难。吕不韦却不同，他在秦国做了十二年丞相，不仅功大，而且很得人心，根基稳固，枝叶繁茂，非奸贼佞臣可比。秦始皇必须找到一个理由，才好废掉他的权力。嫪毐作乱，把吕不韦牵连出来。人心所关注的，是杀不杀吕不韦，对废除他的职权，则没有异议。这正是秦始皇想要的，既收回权力，又不背骂名。

秦王嬴政仅仅用了三年时间，就相继清除了嫪毐和吕不韦集团，扫清了执政路上的障碍，显示出了秦王嬴政杰出的才智和谋略。

第五章
重用人才，志在天下

　　秦王嬴政亲政之后，便开始逐步实现自己统一六国的远大抱负。嬴政重用李斯、蒙恬、王翦、尉缭等人才，尽管很多都不是秦国人，但是他依然敢于委以重任，使得天下贤才多来相投。在这些文臣武将的共同努力下，秦国的实力如日中天，统一六国的谋略也开始付诸实施，并取得了重大的进展。

重用李斯，秦国强盛

生于七雄争霸战国末期的李斯，本是楚国上蔡（今河南上蔡县西南）的一介布衣，青年时曾做过郡中小吏。小吏地位低下，侍奉长官，小心翼翼，唯恐有了闪失。然而这与李斯的鸿鹄之志相距甚远。

在做小吏期间，李斯偶见官舍厕所中的老鼠偷食污秽之物，一遇人来狗撵，立刻惊恐万状，仓皇逃跑；又见粮仓中的硕鼠，仰食积粟，无所顾忌，公然出入，坦然自若。于是触景生情，感慨万端："人有君子小人之分，就像硕鼠一样，全看自己处在什么样的环境了。"经过一番思考，他决定拜荀子为师，跟他学帝王之术。

在当时，荀子是一名儒学大家，当过齐王的老师，被小人中伤后，又来到楚国，春申君安排他当兰陵县令。春申君死后，荀子罢官，在兰陵教书育人，一直到死。

李斯学成之后，即苦思冥想，寻觅能使自己施展才华、获取荣华富贵的出路。他纵观七国，反复斟酌，认为楚王胸无大志，不足为谋；六国相继衰弱，无从建立号令天下之奇功；唯独秦国，经历了秦孝公以来的六世，特别是秦昭公以后，已经奠定了雄踞于七国之首、可对诸侯国颐指气使、发号施令的政治、军事、经济基础，可望代替已名存实亡的周室而一统天下。意志一定，他决定西入强秦。

临行之际，李斯面对荀况的诘问，毫不掩饰自己的心迹，慷慨陈词说："我听说，得到了时机不可怠惰，而应及时牢牢抓住。当今各诸侯倾力相争，游说者参与政事。而秦王想吞并诸侯，一统天下，成就帝王大业，这是智谋之士奔走效力、建功立业的大好时机。处于卑贱的地位而不思有所作为，改变自己的境遇，这与只知咀嚼送到嘴边的肉的禽兽何异？人的耻辱莫过于卑贱，悲哀莫甚于穷困。永久地处于卑贱的地位、困苦的境地，却还表示愤世嫉俗，憎恶功名利禄，自托于无为，不过是掩饰自己的无能而已，绝不是士人的真实思想。我意已决，我将西行入秦，去为秦王出谋划策，建功立业。"

李斯入咸阳那一年，庄襄王病死，吕不韦拥立十三岁的太子登基，即秦王嬴政。

李斯来到秦国，不过是一异国平民，要想进入统治阶级核心去参政谋事，谈何容易。于是他充分利用自己的才华，审时度势，权衡利弊，最后决定以投吕不韦门下作为仕途的第一步阶梯。随后，李斯当了吕不韦的舍人（亲近随从）。吕不韦欣赏他的才华，举为郎（秦王的侍从官）。于是李斯跟秦王说："昔者穆公称霸，但不能并六国，因为诸侯有力，周王未衰。孝公以来，秦国连胜诸侯，已经六世。以今日秦国之强、大王之贤明，足以灭诸侯，成帝业，一统万世，指日可待。如不抓住战机，万一诸侯复强，即使黄帝再生，也难以并天下。"

秦王嬴政一听，终于找到知音了。随后，嬴政封李斯为长史。再次见到嬴政时，李斯又提了一个建议：一方面就是用重金收买、贿赂、离间六国君臣以及六国之间的关系；另一方面就是要运用武力来对付六国。这一次又迎合了秦王嬴政的想法。嬴政如获至宝，立即提拔他为客卿，李斯的仕途平步青云。

就在嬴政处理完吕不韦的事、李斯节节高升之际，嬴政却突然发布了一道命令，这个命令使得六国在秦国的所有人才都统统向外逃去。这就是历史上有名的逐客令。

逐客令的由来，要牵扯到一个人，他就是郑国。当时，韩国怕被秦国灭掉，派水工郑国到秦鼓动修建水渠，目的是想削弱秦国的人力和物力，牵制秦的东进。后来，郑国修渠的目的暴露了，东方各国也纷纷派间谍来到秦国做宾客，群臣对外来的客卿议论很大，对秦王说："各国来秦国的人，大抵是为了他们自己国家的利益来秦国做破坏工作的，请大王下令驱逐一切来客。"秦王下了逐客令，李斯也在被逐之列。

李斯给秦王写了一封信，劝秦王不要逐客，这就是有名的《谏逐客书》。他说："我听说群臣议论逐客，这是错误的。从前秦穆公求贤人，从西方的戎请来由余，从东方的楚国请来百里奚，从宋国迎来蹇叔，任用从晋国来的丕豹、公孙支。秦穆公任用了这五个人，兼并了二十国，称霸西戎。秦孝公重用商鞅，实行新法，移风易俗，国家富强，打败楚、魏，扩地千里，秦国强大起来。秦惠王用张仪的计谋，拆散了六国的合纵抗秦，迫使各国服从秦国。秦昭王得到范雎，削弱贵戚力量，加强了王权，蚕食诸侯，秦成帝业。这四代王都是由于任用客

卿，对秦国才作出了贡献。客卿有什么对不起秦国的呢？如果这四位君王也下令逐客，只会使国家没有富利之实，秦国也没有强大之名。"李斯还说，秦王的珍珠、宝玉都不产于秦国，美女、好马、财宝也都是来自东方各国。如果只是秦国有的东西才要的话，那么许多好东西也就没有了。李斯还在信中反问：为什么这些东西可用而客就要逐，看起来大王只是看重了一些东西，而对人才却不能重用，其结果是加强了各国的力量，却不利于秦国的统一大业。李斯的这封上书，不仅情词恳切，而且确实反映了秦国的历史和现状，代表了当时有识之士的见解。因此，这篇《谏逐客书》也成为历史名作。

《谏逐客书》里切中了嬴政的命脉，那就是他要统一六国，建立一个强大的帝国。所以，李斯就跟他说，大王您把六国的人都赶走了，这些人就会跑到其他国家，帮助其他六国建立功业，到时其他国家强大了，秦国再要攻打就难了。还有很重要的一点就是，客卿对秦国的贡献很大，但是造反作乱的很少。商鞅、张仪、范雎等一系列名臣都不是秦国人，您又怎么能凭嫪毐、吕不韦、郑国等人来否定所有六国之人呢？就是这一番见解，使得嬴政茅塞顿开。他刚刚取得秦国大权，需要众多的贤才辅佐他成就宏图伟业，这个时候驱逐六国之士不是将自己的事业葬送么？

秦王嬴政明辨是非，果断地采纳了李斯的建议，立即取消了逐客令，李斯仍然受到重用，被封为廷尉。这时，即将被杀的郑国也向秦王进言：韩国让秦国大兴水利建设工程，当初的目的是消耗秦国实力，但水渠修成之后，对秦国也是有利的。尽管兴修水利，减轻了秦

125

第五章　重用人才，志在天下

国对东方各国的压力，让韩国多存在几年，但修好渠却"为秦建万代之功"。秦王觉得郑国的话有道理，决定不杀郑国，让他继续领导修完水渠，这就是后来的郑国渠，它对发展繁荣秦国的经济，起到了一定的作用。

经过这一次反复，秦国仍旧坚持招揽和重用外来客卿，这些外来的客卿在秦国统一中国的过程中发挥了重要作用。在取消逐客令不久，魏国大梁人尉缭也来到了秦国。当时的形势是，秦王已经除掉内部的反对派吕不韦等，大权进一步集中，积极向外扩张，东方各国都个个自危。尉缭向秦王建议说：当前，以秦国的力量消灭东方各国是毫无问题的。但是，如果各个诸侯国联合起来，合纵抗秦，结果就很难说了。因此，不要吝惜财物，向各国掌权的"豪臣"行贿，破坏他们的联合，只用三十万金，就可以达到兼并各个诸侯国的目的。秦王采纳了尉缭的计谋，封尉缭为国尉，并且让他享用同自己一样的衣服饮食。在同各国进行斗争的过程中，多次是用此策而取得胜利的。当然，秦国的反间计是以武力为后盾的，正如李斯所讲："不肯者，利剑刺之。"

此时的李斯眼观六路，耳听八方，洞察到天下格局的重大变化：韩王向秦俯首称臣，魏国则举国听从于秦，此时秦对六国已占威慑之势。李斯瞅准时机，立即上书秦王，提出剪灭诸侯，消灭六国，创建帝业的谋略。

秦王嬴政是个有崇高政治抱负的君王，之前，他就在吕不韦的辅佐下，怀着满腔热忱，悄悄地酝酿统一中国的大计。李斯的上书一语破的，令秦王喜逐颜开，立刻擢升李斯为长吏，参与基本国策的讨论。在

谋吞六国

秦朝开国奇谋

李斯等人的策划下，秦王派遣口舌如簧、善于谋略的官员，携金银珠宝游说诸侯。对各诸侯国贪财的权臣贵要行贿收买，对不为金钱名利所动者，则采取反间之计，或遣刺客暗杀。战略上采取远交近攻，一方面，对近邦韩、魏强攻猛打，使其最终臣服（据史书记载：从秦王嬴政元年至九年，仅对魏国的毁灭性军事行动就达六次）；另一方面，离间远邦君臣（如赵国将军李牧善于用兵，曾多次打败秦军，秦国就派人收买权臣郭开，向赵王进谗，结果赵王就下令杀了李牧，自毁长城，使赵国这支劲敌沦为西山落日）。

秦统一六国后，为长远地维护自己的统治，秦始皇开始专心探讨治国安邦之道。他问李斯："朕观前代史籍，见数百年间，常常是战乱迭起，兵戎相见，哪一朝的帝王权臣，都难免成为百姓攻击的目标；而每一次动乱中，一些豪门大富又总是争权夺利，趁机崛起。这到底是什么原因呢？"李斯进言说："依臣看来，其主要原因是历朝历代或不能明法，或执法不严，所以使得豪强兼并，百姓造反，祸乱不息。陛下圣明，只要严执秦律，使天下人都做到令行为遵，哪个还敢作乱呢！"这些想法得到秦始皇的赞同。李斯进一步辅佐秦始皇策划、制定了一系列诏命和法令。

为防止百姓反叛，令民间原有的和缴获六国的大量武器全部上缴，不准私留。当时的兵器多为铜质所铸，地方的郡守县令把从民间收缴上来的兵器都运到咸阳。秦始皇命人熔毁兵器，铸成十二个大铜人，每个重达二十四万斤，陈设在咸阳宫门外，用以象征自己统一天下的丰功伟绩。

为防止豪富大户聚众造反，令各地十二万户以上的豪门大户迅速迁居咸阳。这样，既使他们远离家园，失去原来植根于其中的土地，失去世代居住和统治所奠定的基础，又便于朝廷就近监督他们的言行，使其不能相互勾结，发动暴乱。

为防止六国旧部死灰复燃、东山再起，令全国险要地方，凡城堡、关塞及原来六国构筑的堤防等，统统毁灭，使欲反叛者无险可据，无塞可依，难于作乱。

秦始皇与李斯计划，拟定了"书同文"的诏令。李斯既有学问，又擅书法，他找了胡毋敬等人一起认真调查研究了流行的各种文字、字体，最后以小篆作为标准文字，逐步加以推广。为此，李斯作《仓颉篇》，胡毋敬作《博学篇》，赵高作《爱历篇》，作为识字课本，以加速推广统一文字的步伐。这一作法，使官府推行行政法令、民间传播文化、交流思想，都比以前大大方便了。

统一前通行的货币多以黄金和铜等铸造，各国的货币不仅形状不同，就是轻重、大小也不一致。铜币中，秦国使用圆形钱币，齐国的钱币像小刀，赵国的像小铲。黄金的重量标准也不同，有的以斤为单位，重十六两；有的以镒为单位，重二十两。此种现象，给各地的交换、通商、经济、生活带来许多不便。始皇颁诏令：全国通用两种货币，黄金为上币，镒为单位，重二十两；铜钱为下币，以半两为单位。并且把铜钱全制成圆形方孔币，便于携带和交换。统一货币更加促进了秦经济上的繁荣。

当时各国的度量衡也各有千秋，大小、长短、轻重，单位不同，进制也不同。如重量，秦以斗、升、斛为单位，齐以釜、钟为单位，魏以半斗、斗、钟为单位，互相换取十分麻烦、复杂。于是，李斯建议秦始皇废除了六国度量衡制度，全国一律改用当年商鞅为秦制定的度量衡制度，而且颁发了标准量器，在全国统一使用。

修驰道、定车轨也是秦始皇的一大贡献。一次，少府卿给秦始皇造了一辆冷可防寒、热可避暑、华丽坚实、精巧别致的车子，众臣围车赞不绝口，说皇帝乘此车巡游可眼观六路、耳听八方，等等。只有李斯一语惊人，他说："这车子造得倒是精美，只是陛下不能乘坐它巡游四方！"众皆愕然，李斯慢慢说："臣刚仔细观察过，这车两轮间距是六尺，需要六尺车轨之路才能行驶。而如今天下道路都是原来各国所开，有宽有窄，很不一致，乘这车子怎么能远行呢？"秦始皇如梦方醒，遂颁发诏令，规定天下车轨一律为六尺宽。接着又开始修筑"驰道"，宽五十步，修筑高土石，每隔三十丈植一青松，这样的驰道有两条：一条由咸阳向东直达燕、齐；另一条由咸阳往南直达吴、楚。后来又接着修了"直道"、"新道"、"五尺道"，等等，分别从咸阳通往北方、西南和岭南等广大区域，使咸阳作为全国政治、经济、军事、交通的核心地位更加巩固。

分封制、郡县制论争后，秦始皇对李斯信任有加，并擢至右丞相，李斯遂成为一人之下、万人之上的权臣。

保家卫国，蒙门忠烈

《史记》中记载："蒙氏秦将，内史忠贤。长城首筑，万里安边。"这是太史公司马迁对秦将蒙恬的赞叹。蒙恬以其忠勇与才略，一次又一次为大秦书写了辉煌。

蒙恬、蒙毅兄弟出身名门，蒙恬在外带兵，蒙毅在内辅政，他们深受秦始皇的信任。当时的其他将领也都对二人十分敬畏。后来，蒙恬出兵匈奴，扬名边关，并监修长城，青史留名。他军事才干超群，上至皇帝，下到士兵，都对其赞赏有加。对于秦王朝统治的巩固，蒙恬可谓居功至伟。

战国时，蒙恬的祖父蒙骜投靠秦昭王，并通过多次征战累官至"上卿"。秦庄襄王元年（公元前249年），蒙骜领兵攻打韩国，相继占领成皋、荥阳等地，并设置为三川郡。秦庄襄王二年（公元前248年），蒙骜率军攻打赵国，占领太原。公元前246年，平定原为赵国的晋阳后，又攻打赵国新城等地，并夺取了三十七座城池，设为太原郡。同年在攻打魏国时，由于遭到信陵君无忌率领的魏、韩、赵、楚、卫五国联军的抗击，蒙骜战败。不过，信陵君去世后，蒙骜趁机攻打魏国，占领长平、山阳等

蒙恬雕像

地，共夺取二十座城池，设为东郡，挽回了战败的面子。秦王嬴政三年（公元前244年），他再次攻韩，此次一举占领了韩国十三座城池。

蒙恬的父亲蒙武也在秦国为将，亦屡立战功。《史记》中这样记载："始皇二十三年，蒙武为秦裨将军，与王翦攻楚，大破之，杀项燕。二十四年，蒙武攻楚，虏楚王。"

蒙恬（？—公元前210年），姬姓，蒙氏，名恬，祖籍齐国（今山东省蒙阴县），是秦始皇时期的著名将领。蒙恬出身于武将之家，深受家庭环境的熏陶，他幼有宏志，希望长大后能够征战沙场，像自己的祖辈那样为国拼杀。他天资聪颖，武艺高强，酷爱研习兵法与刑狱法，长大后还曾担任过审理狱讼的文书。秦始皇二十六年（公元前221年），蒙恬被秦始皇封为将军，后来又因为破齐立功升任内史，此时蒙毅担任上卿之职。

战国末期，北方匈奴人趁中原战乱，经常突袭北方各地。秦始皇横扫六国，建立了中国历史上第一个中央集权的封建帝国，却仍受到北疆匈奴的频频骚扰。早在中原混战之时，匈奴就乘机进犯黄河，还占领了河套以南的大片土地，秦都咸阳也在他们的窥视之中。秦始皇为此患所扰，于秦始皇三十二年（公元前215年），任命蒙恬为将军，率领三十万大军抵抗匈奴。时值秦朝初立，国内的战火刚刚平息，官兵百姓还未及喘息，北部边境却又传战书。匈奴军队肆意屠杀秦境百姓，抢劫牲畜财物，边境人民生活艰难，不得安定。长期的征战早已令兵士厌烦，百姓也饱受其苦，况且匈奴民族向来善于骑射，强悍无比，蒙恬将军面临的将是一场苦战。然而，由于他谋略得当，亲自勘测地形，做到了知己知彼，并率军勇猛冲杀，首次出兵便击退了匈奴。

第二年春天，蒙恬发动了具有决定性的战役。《史记》中这样记载："秦以战车开路，箭矢如蝗，步骑大军随后掩杀，匈奴大溃。"显然秦军采用的是步骑和战车相结合的进攻方式。这种战术相较于靠勇力猛攻的匈奴骑兵来讲，当然先进一些。不过，秦军多为步兵，这种兵阵不如匈奴的骑兵灵活机动，当匈奴采取从四方包围袭击的战术时，秦军便会处于劣势，不易反击。这时就显现了武器的重要作用。秦军使用的主要武器是弩，弩是当时中原人特有的武器。秦军将各式弩箭装载于战车上，瞬时齐发，密集的弩箭如雨般覆盖下来，使得匈奴骑兵大败。

蒙恬毕竟是身经百战的将军，青年时代，他曾长年驻守于北方边境，对匈奴的战法十分了解，加上他本人颇有勇气，敢于直冲，并且富有野战经验，因而此战成为了他人生的巅峰之作。通过对敌情的侦察与分析，蒙恬迅速制定了作战计划，第一次交战就给了匈奴有力的回击，

使其四散溃逃。秦始皇三十三年（公元前214年）春，蒙恬率军与匈奴在黄河以北进行数战，重创了匈奴主力部队，最终彻底打败匈奴，迫其向北逃窜七百多余里。

经此一役，蒙恬收复河南地（今内蒙古河套南伊克昭盟一带），自榆中（今内蒙古伊金霍洛旗以北）至阴山，设三十四县，并迁徙内地人民充实边县。战后，秦王朝内外皆平，而秦军之威也传遍了长城内外。

在北征匈奴的十年时间里，蒙恬逐渐成为了秦王朝的护国大将。此战后，蒙恬这个名字令匈奴闻风丧胆。贾谊也曾评说此战令"胡人不敢南下而牧马"，这正是对蒙恬战功的由衷称赞。蒙氏一门三忠烈，三代事秦，并且立下无数战功，这在中国历史上实不多见。

匈奴兵败后，蒙恬率军继续驻扎在边疆。匈奴是游牧民族，逐草而居，他们战时作战，闲时放牧。鉴于此，秦军若贸然出兵，匈奴人定会绕道而行，去别处抢掠一番，也可能绕到背后攻击秦军。秦军远征在外，如果经常无法找到敌军，必然会被拖垮。于是，蒙恬建议秦始皇修建长城，以此来防备匈奴大军的突然袭击。为修建长城，蒙恬调动了数十万士兵和无数的壮丁。他们先将战国时秦国、赵国、燕国的长城连接起来，然后加以修固，最后终于建起了西起临洮（今甘肃临洮县）、东达辽东（今辽宁）的万里长城。有了长城，匈奴大军的南进计划受到了遏制。不久，朝廷又在河套地区划分行政区域，设置行政机构，统一由九原郡管辖。

秦始皇三十六年（公元前211年），为了发展兆河、榆中地区经济，加强边防军力，蒙恬将三万多名罪犯迁到此地。自九原郡（今内蒙包头市西南）到甘泉宫修建直道，这就是著名的秦道。它截断山脉，填塞深谷，全长一千八百里，只是不知因何并未竣工。秦道的开通，不仅改善了九原的交通条件，还加强了北方各地人民的经济、文化交流，促进了各族人民的融合，对军队的调动与物资的运输具有特殊的战略意义。经过蒙恬十年经营，北疆基本实现了安定。

在历史上，关于大将蒙恬，还有一些传说，有的流传至今，其中就有造笔造筝之说。秦始皇二十四年（公元前223年），秦国大将蒙恬在外地征战。他需要定期写战报呈送秦王。那时，人们普遍用竹签写字，可竹签蘸了墨没写几下又要蘸，很不方便。一天，蒙恬打猎时看见一只兔子的尾巴在地上拖出了血迹，心中顿生一个想法。他立刻剪下一些兔尾毛，插在竹管上，试着用兔毛来写字。

可是兔毛油光光的，不吸墨。蒙恬又试了几次，还是不行，于是随手把那支"兔毛笔"扔进了门前的石坑里。有一天，他无意中看见了那支被自己扔掉的毛笔，捡起来后，却发现湿漉漉的兔毛变得更白了。他将兔毛笔往墨盘里一蘸，兔毛竟变得非常柔顺，写起字来流畅无比。原来，石坑里的水含有石灰质，兔毛的油脂经碱水的浸泡而被中和掉了，因此变得柔顺起来。这便是蒙恬创造毛笔的传说。

也有狐狸、黄鼠狼报恩之传说。一次蒙恬将军出外围猎，经过古庙时，一只狐狸和一只黄鼠狼突然从中窜出。蒙恬刚要张弓射猎，只见狐狸和黄鼠狼已伏地作揖，似在求饶，眼角甚至滴下泪来。蒙恬见状，顿生恻隐之心，便将它们放生了。

没过几天，蒙恬忽接到始皇遗诏，要赐他自尽。蒙恬虽然心知是奸佞欲陷害自己，假传遗诏，但心中仍为秦氏江山不稳而悲痛。沉思中迷糊入梦，只见两少女跪拜于他前面，自称是前日被他放生的狐狸、黄鼠狼。她们知道将军受奸人陷害，更明白将军忠义，必然会以死报国。她俩深感将军活命之恩，却恨自己无力救助将军，遂一同撞壁而亡。蒙恬救之未及，忽然惊醒，果然看见地上有一狐狸一黄鼠狼两具尸体，蒙恬将军不禁潸然泪下。

得知扶苏已死，又感慨梦中情景，蒙恬毅然决定以死报君。但他仍然惦念秦室江山，欲书忠谏一封，警示秦二世。可身边并无纸笔，只有已死的狐狸与黄鼠狼，他深深地叹惋，不由自主地顺手抚摸狐狸与黄鼠狼周身，竟觉狐尾狼毫柔而坚韧。蒙恬内心一动，便分别揪下一撮狐尾狼毫，束于木杆，蘸其唾液，随意画于地上，竟显出痕迹来。他当即撕下袍袖，咬破手指，以热血为墨，奋笔写书。蒙恬死后，其部下将士发现了他临终所造之笔。从此，毛笔的制作和使用逐渐流传于全国。

历史上也有蒙恬造笔一说的相关记载。蒙恬率军伐楚时，曾南下到中山地区，他发现那里的兔毛很柔顺，就用来制笔，毛笔也随之而现世。湖北云梦秦墓中出土的三支竹杆毛笔，笔管由竹制成，并在其前端凿孔，将笔头插在孔中，另做一支与笔管等长的竹管做笔套，将毛笔置于笔套之中，再用胶粘牢。笔套中间镂有8.5厘米长的长方孔槽，竹筒涂以黑漆，并绘有红色线条，与现在的笔及其制法已经很接近，显然这种笔比早有的楚国笔要先进些。在一些古籍中都提到过蒙恬制造毛笔一事，如"自蒙恬始造，即秦笔耳。以枯木为管，鹿毛为柱，羊毛为被。所谓苍毫，非兔毫竹管也。"（崔豹《古今注》）。《太平御览》引

《博物志》中也记载："蒙恬造笔。"

还有传说称蒙恬曾在善琏村取羊毫制笔，因而在当地被人们奉为笔祖。也有说蒙恬的夫人卜香莲通晓制笔之术，被供为"笔娘娘"。蒙恬与夫人将制笔技艺传授给村民，当地笔工还特别建造了蒙公祠来纪念他们。每逢蒙恬和卜香莲的生日，村民们都会举行盛大的敬神庙会以示尊敬。

东汉许慎的《说文解字》这样解释"笔"字："秦谓之笔，楚谓之聿，吴谓之律，燕谓之弗。"先秦书籍中没有"笔"字，而"聿"字早在商代就出现了，由此可知笔在先秦时代就有了，秦始皇只是统一了笔的名称。现已出土的文物也证明，远在蒙恬造笔之前，毛笔就诞生了。因此，蒙恬虽然不能获得毛笔的专利权，但他制造的毛笔精于前人，对毛笔的改革是有贡献的。清代的学者赵翼在《陔余丛考》中的"造笔不始蒙恬"条中写道："笔不始于蒙恬明矣。或恬所造，精于前人，遂独擅其名耳。"这样评论"蒙恬造笔"一说是比较恰当的。

民间还流传有"蒙恬造筝"的说法。汉代应劭著《风俗通》记载："仅按《礼乐记》，（筝）五弦筑身也。今并凉二州筝形如瑟，不知谁所改作也。或曰蒙恬所造。"后人根据这段文字，又有如下说法："古筝五弦，施于竹如筑。秦蒙恬改为十二弦，变形如瑟，易竹以木，唐以后加十三弦。"不过，在《史记·蒙恬列传》中并没有蒙恬造筝的记载。《风俗通》虽对此有所记载，但也只是以猜测的口吻来说，并不确定。由于此方面的史料记载很少，究竟造筝者是谁，尚未分明。或许与造笔之说类似，蒙恬只是筝的改造者罢了。

王门双雄，功勋居最

秦王嬴政能够平定六国与王翦、王贲父子能征善战是分不开的。王翦带兵灭楚，王贲独立带兵灭掉了齐，二人为大秦帝国的建立立下了汗马功劳。

王翦是战国末期的著名秦将，他一生事秦，战功无数。对于秦朝的统一大业，史书认为"王氏、蒙氏功为多，名施于后世"。王翦，频阳东乡（今陕西省富平县美原镇古城村）人。他是秦国继白起之后的又一位名将，是秦国著名的军事家，杰出的军事指挥才能使其与白起、李牧、廉颇并列为战国四大名将。在秦始皇平定六国期间，王翦与儿子王贲一起辅助秦始皇消灭了除韩以外的其他五国，为秦朝统一全国立下奇功。

王翦自幼便熟读兵书，谈起《孙子兵法》，如数家珍。平日里，他最喜欢舞刀弄枪，在众多兵器中，他最喜爱的是一柄开山大刀。尽管这把刀是木制的，可分量很重，相当于现在二十多斤重的东西。如此重的刀，成人挥在手中都很是吃力，何况那时只有八岁的王翦。王翦与其他孩子玩耍时，只要把大刀抡上一圈，便足以震慑众人。王翦的力量很大，九岁时就可以拉开五十石的弓了。随着年龄的增长，王翦又逐渐学会了骑射等技艺。他射箭很准，有时仅凭那搭弓欲射的姿态和气势，便把人折服了。此时的王翦，年龄虽然不大，却已初具将帅之才了。

王翦一生征战无数，他智勇多谋，战无不胜，攻无不取。秦始皇十一年（公元前236年），王翦率领军中精锐部队，攻打赵国的阏与（今山西和顺），他一举攻下九座城池，占领了赵国的漳河流域地区。

公元前229至公元前228年，王翦作为军事统帅进行灭赵战争，在与赵国大将李牧、司马尚对峙一年之后，在李斯、尉缭的建议下用重金收买了赵王的宠臣郭开，使出反间计除掉了李牧和司马尚。这一招很高明，不费力气就将敌国将领除掉。在除掉李牧之后，王翦只用了三个月时间便灭亡了赵国，灭掉了秦国统一路上的第一个强劲对手。嬴政大赞王翦的军事才能，对他更加器重。王翦也尽职尽责地完成嬴政派发的任务。

秦始皇二十年（公元前227年），燕太子丹派荆轲刺杀秦王，结果"图穷匕首见"，荆轲失败了。秦王于是派王翦领兵攻燕。秦军在易水歼灭燕军主力，燕王与太子丹逃到了辽东（今辽宁辽阳市）。王翦平定了燕蓟，得胜而归。

秦始皇二十二年（公元前225年），秦始皇以王翦之子王贲为将，率军伐魏。魏国在都城大梁（今河南开封市）内外城下都挖有深沟，魏国人层层戒备。因城高沟深，王贲大军难以进攻。关键时刻，王贲引黄河之水灌城，终破大梁，随着魏王的投降，魏国也宣告了灭亡。

王翦作为一员大将，与其他将军相比，似乎多了些"儒雅"。从记载他征战的史料中，难见其横刀立马、浴血奋战的"将军身影"，倒是对他分析形势、谋划战略的记录较多，着重凸显了他的"帅才"。在秦国众多名将中，王翦是以老成稳健、善于斗心的智者著称的。最能体现这点的，便是其对楚一战，此战也是他毕生的代表之作。

秦始皇二十三年（公元前224年），秦王嬴政欲吞掉楚国，于是召集群臣，共商灭楚之计。李信是王贲手下的一名青年将领，是后来飞将军李广的祖先，在荆轲刺秦之时，血气方刚的他曾带着几千精兵，追杀太子丹，结果弄得燕王喜杀了太子丹来躲避灾祸。秦王嬴政为此大为欣喜，对李信的勇气与忠诚大加赞赏。在兵力配置的问题上，秦王嬴政先询问了年轻骁勇的猛将李信："吾欲攻取荆，于将军度用几何人而足？"李信回答："不过用二十万人。"秦王嬴政本倾心于少将李信，但还是以同样的问题问老将王翦的意见。王翦却说："非六十万人不可。"秦王嬴政听了此话，觉得王翦果然是年纪大了，说："王将军老矣，何怯也！李将军果势壮勇，其言是也。"于是，便派李信和蒙恬带兵二十万去攻打楚国。王翦见此并未多言，只是以病为由，辞官回乡了。

李信受命为秦军统帅，与蒙恬一起率兵二十万对楚进攻。李信亲自指挥秦主力军，击破楚军，占领了平舆。蒙恬军占领寝邑。秦军未遇楚军重大抵抗，进占两城后，渡过洪河东进。不料楚军统帅项燕率楚军主力，兼程追赶，沉重打击了秦军。李信战败，率军逃往城父。楚军乘胜猛追，秦军早被三天三夜的战斗折磨得疲惫不堪，遂遭楚军大败，连失两座城营，七名都尉阵亡，秦军损失惨重。在蒙恬军的掩护下，李信才

139

第五章 重用人才，志在天下

得以逃回秦境。

秦军惨败，秦王嬴政大怒，却更知坚定了灭楚的决心。李信失败后，只得由王翦来领兵伐楚。秦始皇只好屈尊移驾频阳，拜求王翦出任秦军统帅。嬴政对王翦说："是我的不对，我不该不听老将军的建议，李信吃了败仗，楚军正在向西方进犯，将军你忍心不管我们的国家么？"王翦推辞说："老臣已经老了，昏聩无能。"嬴政再次表示歉意。王翦终于答应了，但是王翦此时方提出："如果迫不得已一定要用臣，非六十万人不可。"秦嬴政当场答应，于是王翦担任秦军统帅，率领六十万大军对楚作战。秦始皇亲自送王翦至灞上。

同年，王翦领兵至楚地，楚军亦集合全国兵力抗秦。王翦大军抵达楚国后，即令部队在商水、上蔡、平舆一带地区构筑坚垒，安营扎寨，进行固守，楚军数次挑衅，王翦并不出兵迎战。每天他只是令士兵沐浴休息，饱食餐饭，并与士卒同饭同食。如此养精蓄锐，双方相持数月。一天，王翦问士兵有什么娱乐，有人回答说："投掷石头，跳远比赛。"王翦听后，突然发令出兵。此时楚军将领项燕见秦军数月不出，无奈之下只好引军东去。王翦即令全军追击楚军，双方交战，楚军兵败东逃，秦军追至蕲南，平定楚属各地，并斩杀楚将项燕（一说项燕是兵败自尽）。王翦率兵直取楚都寿春，俘虏楚王。

在这次的灭楚之战中，王翦根据长期作战的经验，了解到楚军斗志坚定，不易攻克。又恰值楚军新破秦军，锐气正旺，若此时强攻，不仅没有胜算，一旦行动不慎，便会功亏一篑。他明白当时秦国已平定三国，后方支援稳定，物资充实，能够打持久战。而楚国在国力上远差于

秦国，经不起长期消耗。因此王翦带军入楚后，只是坚守不出，意在让军队休整待命，消耗敌军士气，待到楚军疲乏转移之时再一举将其歼灭。由此战可见王翦之谋，他并不急于战斗，而是平心静气地拖延战事，消磨敌人斗志。王翦以静制动，以逸待劳，通过心理战术，逐渐牵制敌人，于悄无声处夺得作战的主动权，轻松地战胜敌军。王翦吞并楚国后，秦始皇不禁赞扬他说："老将军王翦知用兵之多寡，真良将也！"

在灭掉楚国之后，秦国转而开始对赵国进攻。在长平一战中，赵国虽遭受了严重的打击，却聚集了人心，赵国人民更加团结，齐心为保国而战。在这种情况下，秦军被破釜沉舟的赵国少年军和魏韩救援军打得狼狈撤退，折损了十万之众。此时，王翦主动请缨，愿率兵攻赵。

王翦认为，赵军与魏韩联军虽然在此战中大败秦军，但是他们是倾其所有，背水一战，因此必然元气大伤，更需要停战修养。相较之下，秦军在这场战斗中的损耗，于其强大的国力来讲并无大碍，秦兵的士气也因受挫而愈加高涨。加上当年巴蜀地区谷米大熟，而东方六国却遭遇蝗灾，粮产下降，都为秦军出击提供了最佳时机。于是他将自己对当前形势的分析说与秦王嬴政，并强调时不我待，机遇难寻，急求出兵。秦王嬴政听后，当即采纳了他的建议。

稍作准备之后，秦始皇命王翦率领三十万大军再次攻赵。在各州县充足的粮草辎重供应下，秦军轻装上阵。疲惫至极的赵军早已不堪一击。王翦又充分发挥其善于斗心的优势，在战前便已将敌军的斗志打击殆尽。秦军几乎兵不血刃，轻易拿下赵国九城。对于孤城邯郸，王翦只令军队将其三面包围，仅在通往秦国西北的方向留出一个缺口。其他各国此时已是自顾不暇，又惧怕秦军的威力，哪里敢发兵救助赵国。在被困三百四十一天后，已经饿得面黄肌瘦的赵国人只得出城投降，赵国遂亡。又用了两年时间，楚国全部收归秦国版图。

无论是伐楚还是灭赵，王翦都注重攻心，他"智"在善于从精神上摧毁敌人。兵将军心涣散，斗志颓靡，就没有了战斗力，这种状态下的军队，只是惊弓之鸟，稍施以恫吓便不攻自灭，而垂危的楚国与赵国便是如此。王翦深明此理，他掌握了兵法的精髓，即"攻心为上"，按此原则去排兵布阵，自然是攻无不克，战无不胜。

不过，王翦的谋心之策均是建立在对国力战况的正确认识与全面分析之上的。只有查清了敌我形势的高下，才可能根据自身的条件，努力转换形势，占据有利地位。正是基于各种情况的对比，王翦才断定"楚非寻常大国，非做举国决战之心，不能轻言灭之"。于是要六十万大军，耗时一年左右才肯出击，并非秦始皇所认为的"将老胆怯"。当然，王翦向来以作战稳健持重为长，这可能与其年龄较大、阅历丰富有关。

秦始皇二十五年（公元前222年），王翦军继续南征百越，平定了江南，降服了越君，江南地置为会稽郡。同期，王贲与李信一起统兵，火速歼灭了辽东燕军，并俘虏燕王。他们于回师途中，又在代北（今山西代县）俘获赵国余部代王嘉，然后由燕地乘虚直逼齐国。秦始皇二十六年（公元前221年），王贲军队攻入齐都临淄，虏获齐王建，六国中最后

谋吞六国

秦朝开国奇谋

的齐国也被消灭了，秦统一了中国。

嬴政也确实是个知人善用的帝王，他能向臣子认错，又能原谅攻楚失败的李信，也难怪秦国会人才济济，夺得天下。

魏人尉缭，天下奇才

在秦王嬴政统一六国的过程中，还有一位举足轻重的奇才，他就是尉缭。尉缭主管着秦王朝的军事，他是秦国军事的最高长官。正是由于他的出谋划策，才使得秦王的统一大业进程加快。

尉缭原来是魏国大梁人，自幼熟读兵法，受到商鞅的思想影响较大，崇尚"法家"学说。秦王嬴政十年（公元前237年），在魏国得不到重用的尉缭，来到秦国寻找一展拳脚的机会。和李斯一样，尉缭也主张军事、政治双管齐下。他初见嬴政便说，以当下的局势来看，秦国最为强大，所有的诸侯都是您管辖的郡县的长官。不过我最担心的是各个诸侯私下里串通、联合，对秦国大搞突然袭击。当年韩、赵、魏三家虽然比智氏都要弱小，但三家私底下结了盟，出其不意地对智氏发动战争，最终灭了强大的智伯。还有吃了败仗的越国，为麻痹吴国，在十年里偷偷地休养生息，积蓄力量，最后灭掉了吴国。这都是历史惨痛的教训。尉缭接着说，大王您不要爱惜自己的钱财，钱财是可以再生的，我们需要用重金贿赂六国的权臣，利用他们来打乱六国联合的计划，这样最多花费上三十万金，就能达到目的。

秦王嬴政也是"法家"的推崇者，尉缭的意见正好迎合了他的想法。秦王嬴政知道，统一六国正缺少这样有见地的人来指导，两人一谈如故。尉缭是个很特别的人，他有一个其他人都不敢有的原则，那就是见到君王不行君臣之礼。他认为人格上帝王与臣子是平等的，无须大礼逢迎。在那个时代，能有这种先进看法的人实在是寥寥无几。然而，嬴政不但采纳了他的计谋，而且对尉缭以礼相待，饮食起居给尉缭与自己同样的标准。

可以说，秦王嬴政是一位识英才、重英才的君王，秦国以及嬴政的成功也多半是他知人善任的结果。

尉缭在受到重用的同时，心里也非常明白，法家里缺少仁慈。所以，他知道同样崇尚法家思想的秦王嬴政也不会是心慈手软的人物。在与秦王嬴政的相处中，尉缭也看清了这一点。尉缭以为嬴政与自己一样推崇法家，那么也会对自己采用法家的手段。他曾说过，我是贫贱的平民，大王对我这样谦卑是因为我还有用，如果哪一天秦王夺得了天下，天下人都会成为他的奴隶，我自然也不会例外，我不能与他长久地相处下去。所以，尉缭也几次试图逃走，秦王嬴政发觉后极力劝阻，还让他做了秦国最高的军事长官——国尉。就秦王嬴政来说，他并没有像尉缭所说的，乱杀功臣。秦王嬴政统一六国之后，王翦父子活得好好的，蒙恬还在驻守长城，李斯也在朝中处理政务，尉缭的看法只是他思想里对法家学说以及对嬴政行事方法的一种偏激印象。

在吞灭六国的进程中，尉缭善于使用间谍战，善用反间计。尉缭是嬴政夺得天下的大军师，为嬴政统一天下作出了不可磨灭的贡献，同时也为中国军事历史增添了色彩。

不仅如此，在当时还产生了一部兵书《尉缭子》。作为战国时产生的兵书，它所谈的战略战术等问题，虽然不如孙、吴兵法深刻，但在一系列问题上也有创见。

首先，《尉缭子》提出了以经济为基础的战争观。他在《治本篇》中说，治国的根本在于耕织，"非五谷无以充腹，非丝麻无以盖形"。不废耕织二事，国家才有储备。而这一储备正是战争的基础。他说：土地是养民的，城邑是防守土地的，战争是守城的。所以，耕田、守城和战争三者都是王者本务。在这三者当中，虽然以战争为最急，但战争却仰赖农耕。即使万乘之国，也要实行农战相结合的方针。基于这一点，《尉缭子》强调"王国富民"，强调王者进行的战争是"诛暴乱，禁不义"，其最终目的在于使"农不离其业，贾不离其肆宅，士大夫不离其官府"，而仅诛杀首恶一人。《尉缭子》的这个思想显然由继承商鞅的农战思想而来，因而是进步的。当然，《尉缭子》也注重政治在战争中的作用，"国必有礼信亲爱之义，则可以以饥易饱；国必有孝慈廉耻之俗，则可以死易生"，所以也重视政治教育。

其次，《尉缭子》也提出了一些有价值的战略战术思想。如主张集中优势兵力，待机而动，"专一则胜，离散则败"（《兵令上》），"兵以静固，以专胜"（《兵权》）。主张先机而动，突然袭击，"兵贵先。胜于此，则胜于彼矣；弗胜于此，则弗胜彼矣"。主张在战争中运用权谋，"权先加人者，敌不力交"。主张运用"有者无之，无者有之"（《战权》）的虚虚实实战法，迷惑敌人。他继承孙子的奇正思想，提出"正兵贵先，奇兵贵后，或先或后"，以克敌制胜。尤其值得提出的是，他结合战国围城战的实践，提出了一整套攻、守城邑的谋略。主张攻城要有必胜把握，"战不必胜，不可言战；攻不必拔，不可以言攻"。最后深入敌境，出敌不意，切断敌粮道，孤立敌城邑，乘虚去攻克。攻城要选择这几种目标：

1. "有城无守"的：津梁没有战备设施，要塞没有修理，城防没有构筑，蒺藜没有设置。

2. "有人无人"的：远方堡垒的防守者没有退回，防守的战士没有调动回来。

3. "虽有资而无资"的：牲畜没有集中到城里，粮食没有收获进来，财用物资也未征集到位。

4. 城邑空虚而且资财穷尽的。对于这些城邑，应乘虚攻击，决不手软。

守城谋略主要有三点：其一，反对"进不郭圉，退不亭障"，即不防守外城和城外据点的防守办法，主张防守城郊外围要地。其二，要修筑城郭，做到"池深而广，城坚而厚"，准备好人力、粮食、薪材、劲弩强矢、锋利的矛戟。一丈之城，十人防守，千丈之城，守兵一万，还不计技工、任夫等后勤人员。其三，设防的城邑要有救兵。"其有必救之军者，则有必守之城；无必救之军者，则无必守之城。"救援之军要能打开重围，守军要敢于出击，抢占要塞。救援之军还要善于迷惑敌人，以配合守军击败围城敌军。《尉缭子》提出的攻、守城邑的谋略，是他的前辈军事家所没有谈过的，很富有新意。

第三，《尉缭子》的另一重要贡献是提出了一套极富时代特色的军中赏罚条令。《尉缭子》作为古代兵书，不但在军事理论上有所发展，而且保存了战国时期许多重要军事条令，这是为其他兵书所少见的。他在《战威》中说，"审法制，明赏罚"，是威胜之道。他在《制谈》中说，"修号令，明赏罚"，是保证士卒冲锋陷阵的必要手段。《尉缭子》主张以法治军，他所提出的赏罚原则，是赏必厚、罚必重。他说，"赏禄不厚，则民不劝"，要以田禄、爵秩厚赏有功者，使民"非战无所得爵"，做到"赏功养劳"。

《尉缭子》主张重罚，他在《重刑令》中说：人民只有"内畏重刑，则外轻敌"，所以主张将战败、投降、临阵逃脱的将士宣布为"国贼"、"军贼"，不仅处以"身戮家残"之刑，还要削户籍、发祖坟、变卖家属做奴隶。对于不能按时报到和开小差的士卒，以逃亡罪论处。他的《伍制令》所讲的军中什伍连坐法，他的《束伍令》所讲的战场上的惩罚条令和"战诛之法"等，都体现了重罚的原则。他说："古之善用兵者，能杀卒之半，其次杀其十三，其下杀其十一。能杀其半者，威加海内；杀十三者，力加诸侯；杀十一者，令行士卒。"认为只有这样，军队才能做到"令如斧钺，制如干将，士卒不用命者，未之有也"。《尉缭子》的重刑思想显然与商鞅的刑赏思想如出一辙，而且比商鞅的更为严酷。它反映了古代军队组织中的官兵关系是严重的阶级对立关系。

《尉缭子》的以法治军思想已与春秋以前大不相同。《尉缭子》提出的"杀之贵大，赏之贵小"赏罚原则，取消了旧贵族所享有的厚赏轻罚的特权，体现了新兴地主阶级的进取精神，因而极富时代精神，标明它与旧的"赏功酬劳"原则有了质的不同。

其四，《尉缭子》一书所保存的其他重要军事条令，有《分塞令》，是营区划分条令，规定各军分塞防守区域及往来通行原则；有《经卒令》，是战斗编队条令，规定各军特有的军旗标志、士卒的行列单位及不同的行队单位佩戴不同徽章等；有《勒卒令》，是统一军中指挥号令金鼓旗铃的条令，规定了金、鼓、旗、铃等指挥工具的作用和用法；有《将令》，规定将军统兵受命于国君，只对国君负责，将军在军中具有无上权威，统一指挥全军；有《踵军令》，是后续部队行动条令，规定后续部队作为接应部队，与大军保持的距离、前进的方向、所应完成的任务，以及安全、警戒、处置逃兵的原则；有《兵教》（上、下），是军事教练条令，规定了军中"分营居阵"的训练方式及训练中的奖惩制度。在兵教方法上，明显地继承了《吴子兵法》的一些原则。《兵教》还提出十二条必胜之道，要人君掌握。对于将士则要求"为将忘家，逾限忘亲，指敌忘身，必死则生，急胜为下。百人被刃，陷行乱陈；千人被刃，擒敌杀将；万人被刃，横行天下"，希望把军队训练成为无往而不胜的铁军。《尉缭子》所记载的这些军事条令是我们研究先秦军事制度的宝贵材料。

赢政统一天下主要的原因是善于用人，这一点可以从秦王朝一系列的文臣、武将中看出来。吕不韦、李斯、王翦、蒙恬等在赢政统一六国

谋吞六国

秦朝开国奇谋

148

过程中发挥了不可替代的作用。就是这样的人才策略才使得秦王朝形成了一个有着绝对战斗力和冲击力的大人才资源库。有了这些人才，秦王朝才走入了它的光辉历程。

第五章　重用人才，志在天下

第六章
鲸吞六国，一统四海

　　秦王嬴政在对六国形势做了认真分析之后，采用谋臣的计策，在时机成熟的时候终于开始了鲸吞六国的行动。尽管这个统一的过程异常艰难、坎坷，甚至出现反复，但是，秦军并没有退缩，而是越打越强。在消灭了韩国、赵国、魏国、燕国、楚国、齐国之后，终于结束了自春秋以来的分裂局面。

俯瞰天下，谋划统一

　　秦孝文王、秦庄襄王在位时间不长，秦始皇即位时年纪也小，以吕不韦为首的一班文臣武将，却能尽忠职守，继续执行秦昭襄王的谋略，连续不断地攻伐三晋。到秦王嬴政亲政时，大致以太行山脉、汉水为东西分界，秦国独占西部一半土地，山东六国合占东部一半土地，秦国的胜势似乎已经不可动摇。于是，李斯建议，秦国谋略为之一变，化蚕食而为鲸吞，准备消灭六国，统一天下，创建前所未有的帝业。

　　之前，秦国盘踞太行山台地，如猛虎，如雄狮，日夜窥视东方土地。山东六国却不顾眼前大敌，仍然相互攻伐，争斗不已，或者以保境安民为由，得过且过，全无奋发振作的意志。赵国攻燕，秦国就袭击赵国后方，加速疲惫赵国；魏国攻楚，秦国就出兵帮助魏国，继续削弱楚国，因为赵、楚是最后的两个对手了。六国越混乱，秦国越高兴。

　　而此时，六国再不能相互救援，合纵抗秦的希望完全破灭。结束战乱、建立统一国家的谋略构想已经很明显，而秦王嬴政扫荡六国、统一中原的客观形势也已经成熟。

　　秦王嬴政亲政之后，主要辅佐人物为李斯。主要谋臣还有尉缭、姚贾，武将有王翦、王贲父子，蒙武、蒙恬父子，李信。事实上，秦王嬴政自打即位之日起，就没有间断过对自己一统天下的梦想的追逐。他要统一六国，让六国在自己的脚下臣服。他要享有世间至高无上的权力，得到千秋万代的敬仰。然而，横扫六国让六国臣服于自己，是秦始皇统一六国的头等大事。要怎么统筹全局、进行战略部署是嬴政首先要确定的问题。在之后的时间里，嬴政一直在考虑这个问题，也不断地和他手下的大臣商讨此事，但一直也没有一个核心策略和较为完备的方案。

当时，六国有强有弱，有远有近，先吞并哪个国家，这是统一战争必须考虑的问题。秦国暂时还不能在各个方向上同时并举，一战而破六国，也不愿意看到六国合纵，因此选择正确的攻击方向，就成为统一战争首先要考虑的问题。经过仔细地考虑，最终策略的制定是谋臣李斯、韩国公子韩非、重臣姚贾政见角逐的结果。

当时，李斯明确提出统一天下的谋略主张，秦王嬴政很欣赏，拜为长史，以示鼓励。随后，秦王嬴政派人带重金去六国大搞间谍活动，诸侯名士愿意合作的，就给他们钱财，不肯合作的，就暗杀，待君臣离间，秦兵紧随其后，迫使诸侯折服。因为有成效，又拜李斯为客卿。李斯原是吕不韦的宾客，在嬴政除掉吕不韦之前，嬴政找到的接班人就是李斯。可见李斯是深得嬴政赏识的，政治才干也是可以与吕不韦相匹敌的，而李斯的意见在嬴政心中的重量也是可想而知的。

吕不韦自杀后，秦始皇惩罚了那些亲近他的人，李斯却越发受到重用，似乎能支持这一点。从《史记》的叙述顺序来看，吕不韦罢职，郑国暴露间谍身份，秦国下令驱客，李斯上《谏逐客疏》，秦始皇收回命令，这一连串的事情，都发生在秦王嬴政十年（公元前237年）。而李斯拜为客卿，比这些事情都早，最晚也与吕不韦罢职同时。他提出统一天下的谋略，却是在拜为长史之前，显然早于秦始皇十年。逐客令取消了，李斯回来，建议秦始皇统一天下，先灭掉韩国，以震慑其余五国。于是李斯去韩国，想让韩国拱手投降，最后无功而返。后来，韩王还与韩非商量如何对付秦国。韩非是战国末年著名的思想家，他的法家思想为秦王嬴政所推崇，嬴政为他出色的才华所折服，所以韩非的意见在嬴政心里也是相当重要的。再说姚贾，他在嬴政遭遇一次四国连纵抗秦时，挺身而出，请求嬴政给他钱，将四国摆平，也得到了嬴政的赏识。这三个人在决定平定六国的论战中，各自发挥着不可替代的作用。

韩非是韩国的公子，因为不是长公子，不可能被立为太子，又不受韩国国君的重用，所以潜心向学，写了《孤愤》、《五蠹》、《说难》等名篇。也正是这些著作，让嬴政认识了韩非，想得到韩非这个人才。对于六国的平定策略，朝中提倡先灭韩的呼声较高。秦王嬴政十四年（公元前233年）的时候，攻打韩国，韩国迫不得已，启用韩非，派韩非作为使臣出访秦国。

韩非来到秦国，秦王嬴政并没有立刻将其收为己用，他知道韩非是韩国的使臣，这个时候是不会为自己一方谋利益的。他需要进一步观察韩非的才干是不是有他写的文章那么漂亮，也需要观察，以韩非的个性能不能被收服，即使收服他会否安心佐秦。秦王嬴政向来是个多猜忌和多思虑的人，他不会因为爱惜一个人才就放弃自己的利益。

事实上，这段观察确实让嬴政对韩非有了了解。韩非不是个善言辞的人，甚至有些口吃，这让他在与群臣的论辩过程占了劣势，很多有利的驳辩他无法很好地表达。另外，也是秦王嬴政最担心的，韩非始终是站在韩国的立场上的，为保卫韩国殚精竭虑。这一点是秦王嬴政可以理解但不可以容忍的。但韩非并不傻，他知道作为一个说客，是不能光站在自己的角度说问题的，所以他站在秦国的立场上，提出了自己的见解。他上书秦王嬴政说，大王，你不该先攻打韩国的，韩国是很弱小的国家，多年来唯秦国马首是瞻。韩非的意思就是说，韩国实际上已经是秦国的一个附属国，灭不灭没什么两样。如果发动战争，两国兵力都会有所削减，韩国虽是弹丸之地，四处受敌，但它能在列强之中存活下来，说明还是有些实力的，你不会轻易就攻打下来，必然要耗费一定的军力、物力。倘使韩国得以保存，韩国的兵力也是任由大王使用的。所以，大王你要灭韩未免有些得不偿失。要攻打六国，也要先攻打赵国才是。在韩、赵、魏几个国家中，赵国是最强大的，他们一直在扩充军队，广招英才，他们的矛头也直指秦国，赵国是秦国最大的敌人，如果不趁早铲除，将来会后患无穷。如果攻打相当于自己属国的韩国，那么天下人还怎么敢和秦国交好呢？接着，韩非进一步阐述了攻打赵国的步骤：先派使臣贿赂楚国，宣扬赵国对楚国的劣迹，使得赵国无法和楚国联盟；同时给魏国送去人质，稳定魏国，接着率领韩军攻打赵国，即使赵齐联盟也不足为患；在灭赵、齐之后，发一封信给韩国就可以将韩国收服了。

　　这个时候，秦王嬴政对这封奏疏里对几国局势的透彻分析也是颇为赞同的，但他并没有马上下结论，他需要与自己的谋臣商议。随后，秦王嬴政将韩非的奏疏拿到朝堂之上与众臣商议，李斯第一个站出来反对，姚贾紧随其后。李斯对嬴政说："大王，韩国就像我们秦国的一块心病，在最靠近我们的位置上。如果秦国有什么突发事件，韩国非但不会帮助，还可能会落井下石，韩国是靠不住的，只有据为己有才是最保险的做法。我们若对付赵、齐两国，必定要拿出我们秦国全部的力量，而这个时候，就是韩国对付我们的最好时机。我们国内空虚，一旦韩军来袭，我们就来不及救援，当年穆公惨败崤山的悲剧就会重现，所以一定要先灭韩国。"秦王嬴政一听李斯的分析，觉得非常有理，开始倾向李斯的建议。

这个时候，姚贾恰到好处地出现了。姚贾的观点一下子点中了秦王嬴政的要害，这就是韩非是韩国人，他的奏疏是为了保存韩国，实际上对秦国的帮助并不大，甚至还可能混淆视听；况且我们可以用重金破坏六国的实力和连纵。

嬴政最终没有采纳韩非的建议，而是采用李斯的主张，先灭韩国。在这次的商议中，李斯获胜。李斯知道，秦王最担心的并不是韩非不臣服于秦国，为秦王嬴政所用，而是一旦韩非回国，韩国接纳韩非的建议，采取措施抗秦，或韩非为其他六国所用，对付秦国，那么，秦朝统一六国的进程将慢下来。这是嬴政和李斯都不愿意看到的事情。所以，如果韩非不愿为秦国谋利，最好也不要放虎归山。于是，在李斯逼韩非服毒自尽之后，嬴政也没有过多追问。不可否认，嬴政是爱才的，但在国家利益面前，他不得不让自己的喜好妥协于国家利益。他知道李斯比韩非重要，国家、王权比才华重要。韩非死了，平定六国的大计没有了纷争。

《战国策》记载了韩非在秦国的活动。

秦王嬴政召集宾客六十人开会，报告了一个坏消息："山东四国合纵，想对付我们，你们可有什么好办法？"

大家都不做声。姚贾站出来说："我愿意出使四国，破坏他们的谋略，让他们收兵。"

秦始皇拨给他一百辆车、一千斤金，衣王之衣，冠王之冠，带王之剑，威风凛凛上路了。姚贾以间谍的身份在外活动三年，成功破坏四国合纵，然后还报秦国。秦王大悦，封赏千户，拜为上卿。

韩非说："姚贾用大王的权力、秦国的珍宝去结交诸侯，明里打着大王的旗号，实际藏着自己的私心，请大王明察。他家世世代代都在魏国大梁当看门人，他在大梁偷过东西，在赵国当官又被驱逐，才跑到秦国来。世世看大门，在大梁偷东西，在赵国被驱逐，这样一个人，竟然也来参与国事，文武百官多没面子。"

韩非污蔑姚贾，是为韩国，没有私心，与小人攻讦不同。秦始皇责问姚贾："听说你用我的钱财去结交诸侯，是这样吗？"

姚贾说："是的。"

秦始皇问："那你还有脸来见我？"

姚贾说："我对大王很忠诚，大王却不知道。假设我对大王不忠诚，四国怎么会取消合纵？夏桀听信谗言，杀了良将关龙逢，商纣听信谗言，杀了忠臣比干，结果身死国亡。大王如果听信谗言，秦国也会没有忠臣。"

秦始皇又问："你家世代看大门，你在大梁偷东西，被赵国驱逐，这又怎么解释？"

姚贾说："姜太公落魄时他老婆都不肯要他，在朝歌做屠夫时肉没人买，在溪边钓鱼时鱼不吃他的饵，这样一个人，却帮助周文王夺取天下。管仲是一个又贫又贱的人，出身边鄙之地，被鲁国当作囚犯押送回齐国，这样一个人，却帮助齐桓公称霸诸侯。百里奚是虞国的乞丐，身价不过五张羊皮，这样一个奴隶、囚犯，却帮助秦穆公称霸西戎。这些人都有不光彩的一面，只因为得遇明主，而建立功勋。我想我遇到的也是明主。"姚贾最大的功劳，就是完成了秦国的间谍使命，带着金银珍宝，贿赂奸臣，诋毁良将，成功离间六国君臣。当时就有人说，如果李牧不死，秦国要多花半年才能吃掉赵国。姚贾的间谍活动可谓卓有成效，减少了战争开支，缩短了统一进程，对统一事业有功。

当时，还有一位秦始皇所看重的谋士，也在秦始皇十年（公元前237年）来到秦国。他叫尉缭，他跟秦王嬴政说："秦国这么强大，诸侯犹如郡县。臣所担心的，是诸侯又联合起来，搞出什么意外的举动，智伯、夫差、闵王就是这样灭亡的。恳请大王不要爱惜财物，拿去贿赂诸侯豪臣，扰乱他们的预谋，不过三十万金，天下可尽。"尉缭的谋略与李斯并无太大差异，都是要秦始皇抓住时机，多派间谍，扰乱六国，乘机吞并他们。秦始皇欣然采纳，统一六国的策略已经敲定，剩下的就是实行。一场空前的统一战争开始了，中国历史上第一个封建王朝即将走上历史的舞台。

秦国的统一战争有三个进军方向，北路攻赵，中路取韩、魏，南路破韩、楚。南路，灭韩当然容易，但楚国太远了，很难速战速决，同时还要提防赵国，没有十足的胜算。中路，灭韩灭魏都不困难，击心腹而首尾应，北边的赵国、南边的楚国，都可能来支援，又变成合纵抗秦，秦国显然不喜欢。北路，赵国遭到攻击，韩国、魏国不敢来支援，也没有力量支援；楚国又太远，解不了近渴；齐国被秦国间谍拉拢，始终保持中立；燕国与赵国连年战争，也不大可能来支援，即使来支援，秦国也不怕它。尽管北路要穿越太行山脉，交通不如中路、南路便利，但能避免六国合纵，因而是最理想的攻击方向。在实际行动上，秦国把赵国作为首先打击的对象，从秦王嬴政十一年（公元前236年）起，开始连续对赵国用兵。赵国也顽强抗击，并赢得两次胜利，但不能改变灭亡的命运。

逐步瓦解，韩国首灭

秦王嬴政在确定了灭六国的策略之后，就开始用兵，对韩采取扶植亲秦势力以逐步肢解的策略。虽然他最先对赵国用兵，但是韩国却是在这场兼并战争中最先灭亡的。

韩国始建于三家分晋，经申不害变法，国力有所增强。申不害与商鞅都属法家，但申不害的变法不彻底，贵族政治仍然是韩国的主流政治，百姓的利益不能充分满足，生产与参战的积极性就不高。在地缘关系上，韩国紧邻秦国，是秦国东出中原第一站。韩国虽然名列战国七

秦朝阿房宫遗址

雄，但土地面积最小，综合国力最弱，很难抵挡秦国的攻击和蚕食。

秦王嬴政十六年（公元前231年），韩国南阳郡"假守"（即代理郡守）腾，向秦献出他所管辖的属地。腾被秦王嬴政任命为内史，后又派他率军进攻韩国。腾对韩国了如指掌，所以进展顺利，于秦王嬴政十七年（公元前230年）俘获韩王安，韩国灭亡。

本来秦国早就可以消灭韩国。秦昭襄王时代，韩国土地被吞掉三分之二，再无力抗拒秦威，靠称臣纳贡维持生存。齐国因为吞灭宋国，遭到其他国家的沉重打击，差点亡国，鉴于这种情况，秦国一直没有灭韩。韩国也设计了一些谋略来保存自己，派郑国去秦国当间谍就是其中之一，所以多活了几十年。秦始皇十年（公元前237年），李斯想迫降韩国，没有成功。秦始皇十一年、十三年、十四年，秦国三次攻赵，心思都在赵国，韩国得保平安。

当时，韩非多次向韩王建议，希望能够振兴韩国，但韩王不肯用他。韩非满怀富国强兵谋略，空有一腔报国之志，眼看祖国岌岌可危，所养非所用，所用非所养，悲愤不已，于是整理以往成败得失，埋头著书，写成十几万字，就是《韩非子》。

秦国第一次吞并山东大国，虽在意料之中，得来轻松，却是秦国自秦献公（公元前384年）以来，连续努力一百五十四年的结果。

在秦王嬴政消灭六国的战争中，韩国先灭，也有着很多的原因。首先是地缘形势造成，韩国与秦国紧邻，又在秦国东方，仿佛是秦国的"菜地"。韩国本身也四面受敌，无险可守，无法四顾。其次是建立初期的几个韩王，因为殚精竭虑，政治胸怀也宽广，努力与魏、赵团结，所以韩国能够兴旺。后来的韩王比较平庸，不思振作，也缺乏政治远见，加上韩、魏、赵的三晋感情逐渐疏远，最终失去了过去行之有效的三晋合作、一致对外的立国谋略。最后，在七国混战中东张西望，既没有积极自救的强国谋略，也没有坚定一贯的政治盟友，真的成为秦国的"菜地"，秦国想什么时候来踩一脚，就什么时候来踩一脚，防不胜防，也没有力量防，最终被秦国消灭了。

五次攻赵，九年遂亡

秦国用了九年时间吞并六国，但攻打赵国秦国却用了九年五战才成

功。李斯建议首先灭韩，却对赵国先用兵。因为，赵国的实力在六国中最强，是秦国走向统一道路的最大障碍。但是，赵国还没有到不堪一击的地步，秦军屡次进攻赵国均被赵国击退。秦始皇兼并赵国的谋略，以严酷的军事打击为主，而辅以离间计，艰苦作战五次，终于尽收其国。

第一次攻赵用兵就分为南北两路，投入的兵力可能有三十万之多。秦始皇十一年（公元前236年），赵悼襄王九年，赵国正在与燕国作战，秦国决定乘虚而入，出兵伐赵，攻其后背，开始了统一战争。

秦军以王翦为主帅，以桓齮、杨端和为副将，从南、北两路发起攻击。北路由王翦率领，由山西南部山地（旧称上党地区）东进，顺利攻取阏与（今山西和顺县）、橑杨（今山西左权县）。两城位处太行山脉西侧山脊之下，翻过太行山，一路东去，可直接威胁邯郸西面、北面。这应该是北路伐赵的进军路线和谋略意图。王翦攻下阏与、橑杨之后，把部队并为一军，休整十八天，又精简队伍，俸禄在百石以下的军官都回家（当时一般县令的俸禄为六百石），十个士兵只留两个，裁了八成。王翦此举目的不详。《中国历代军事史》认为，王翦与杨端和各领一军，分别攻取阏与、橑杨，然后两部并为一军，总兵力在二十万，但没提及王翦精简部队的用意。如果总兵力有二十万，裁掉八成，也还有四万，都是精兵，大概王翦是想一鼓作气打到邯郸去。南路由桓齮率领，攻击也很顺利，夺得邺（今河北磁县南面）、安阳（今河南安阳）。这里到邯郸只有四十公里。赵国在漳水北岸筑有长城，邺在长城之外，本属魏国，被赵国抢了过来，作为邯郸南长城防线的外围据点。桓齮夺邺、安阳，下一步就是越过漳水，突破赵国南长城，攻击邯郸南面。

赵军主力正在北面与燕国作战，秦军出其不意，夺了九城，然后就地休整，从南北两个方向上遥望着邯郸，徐而不缓，紧而不迫，从容推进他们的钳形攻势。王翦为一代名将，用兵与廉颇相似，都以稳健雄长著称。就在这个当口，赵悼襄王死了，赵王迁即位，立刻调北线防守长城的部队南下，分别阻击秦军。邯郸南面有漳水与长城，西面有太行山脉，赵军若能凭险固守，不贪功，不冒进，不给敌人机会，秦军一时半会还胜不了。尽管赵国也很困难，但秦军远道而来，又担心六国合纵，所以两军各有短长，僵持下去，多半要靠军事之外的谋略来决胜负。不料，秦国这边发生了两件大事，把战役停了下来。

吕不韦罢职以后，与山东各国往来频繁。虽说是六国主动找他，秦始皇还是不高兴，命令他家迁到蜀国去，等于全家流放。这事发生在秦始皇十一年（公元前236年）、攻赵第一阶段结束之后。吕不韦很恐惧，担心死于非命，又为了保全家人，就在次年（秦始皇十二年）自杀了。秦始皇趁机彻底清除了吕氏余党。

也在这一年，魏国出兵攻楚，大概是因为丢了很多土地，又打不过秦国，想从楚国那里捞回来。对秦国来说，赵国和楚国是统一战争最强劲的对手，又因为楚国远，不好直接用兵，现在正是削弱楚国的机会，秦始皇不想错过，于是派兵助魏攻楚。

秦王嬴政的谋略意图是，专门对楚用兵，消耗大，收获未可知，派兵助魏，两军联合伐楚，这样就会从中有所收获。在蚕食阶段，六国尚强，联魏击楚是一个好谋略，多得一分土地是一分土地，强者更强而弱者更弱；现在则不同了，外部形势变化了，六国被严重削弱，秦国的力量足以各个击破，吃掉它们，因此谋略目标也变化了，不再是蚕食土地，而是鲸吞六国。在这种情况下，秦始皇的机会主义谋略就不再是最优方案，更好的谋略应该是，秦国以外交手段助魏攻楚。他们打得越热闹越好，同时增派部队，全力攻赵，等到魏、楚停战，回身救赵时，赵国也该被打垮了，或者已被打得奄奄一息。谋略要点在于恰当把握机会，利用魏国的力量牵制楚国，魏、楚相互纠缠，赵国失去外援，更容易被消灭。

秦国派兵助魏，如果能灭楚，性质就跟灭赵一样，也是一个好谋略；但楚国远，土地广，赵国又从北面威胁秦国，侧翼安全无保障，秦国就不能全力击楚，自然不能灭楚，充其量不过是再次削弱楚国。在统一天下的条件已经成熟时，再次削弱楚国，对秦国意义不大，不过是多得一郡土地而已。当时，秦王嬴政亲政才三年，谋略思想还不成熟，因此被眼前利益干扰，征发河东四郡兵力，由辛梧率领，助魏攻楚。楚国此时为李园执政，他以外交手段说服辛梧，结果秦兵六个月没有动静。秦始皇助魏伐楚的谋略就这样不了了之，第一次攻赵谋略停顿下来。

在第一次攻赵的过程中，吕不韦自杀与助魏攻楚两事，是意外插进来的。当时，秦始皇还年轻，被它们干扰，走乱了棋；明白过来之后，又回到正确的方向上，继续攻赵。因此有秦始皇十三年、十四年连续两次攻赵。

秦始皇十三年（公元前234年），赵王迁二年，停止一年的攻赵谋略再次开始。第二次攻赵，秦国斩首赵国十万人，用兵规模也是相当巨大。这次攻赵继续从南路进兵，桓齮为将，可能还是他先前率领的那支部队，攻击目标是赵国的武城，与邺紧邻，估计为赵国南面门户，与赵长城相连。邯郸距离赵南长城不过四十公里，全是平川，如果秦军突破赵长城，半天可到邯郸，因此赵军也全力防守武城及南长城沿线。赵军主力在扈辄的率领下，依托赵长城与漳水，在长城外围与秦军展开激战。战斗过程现在已不清楚，结果是秦军大胜，夺了平阳，斩首十万，杀死扈辄。平阳（今河北磁县东南）在武城东十五公里，为赵长城的外围据点，也可能是扈辄的营垒。赵军退入长城，凭关固守。

捷报传来，秦始皇离开齐国，第一次巡游东方，来到东周故地河南，距攻赵前线二百五十公里。秦军经过短暂休整，同年十月，桓齮率领大军，绕过赵长城东端，远出赵国东北部之外，沿着赵国与齐国之间的地区（可能沿黄河下游泛滥区的边缘行进），想出其不意，绕出赵国东北部，然后南下，南北两路夹击邯郸。赵国在扈辄死后，赶紧调李牧南下。

李牧乃赵国边关名将。赵国北地设代郡、雁门郡、云中郡，李牧驻代（今河北蔚县东北），东击燕国，西备匈奴，赵国北郡平安无事，多是李牧的功劳。李牧的驻所代，距邯郸七百余里。而赵国北长城西端，最偏远的高阙塞，距邯郸两千里，距李牧驻所也有一千二百里。赵王在邯郸对北地数郡只能遥制，边关大将可便宜行事。李牧大概是在长平之战、邯郸之战的那几年里，第一次出任边关大将。

在秦国的连续打击下，赵国经济十分困难，只好削减边关粮饷。北地天寒风劲，生活本来艰苦，粮饷少了，将士们的生活更加艰难。李牧决定开设边境贸易，税款和租金都收入幕府，补贴军资，因而成为中

第六章　鲸吞六国，一统四海

国历史上第一个有明确文献记载的敢于自主搞活区域经济的边关名将。

这样一来，战士每天都有肉吃，体质增强，操练也更加有效；又整修烽火台，加强警戒，派间谍到处打探消息。有了这些准备，李牧才发布命令："匈奴就要来了，各部立即收队，不准出击，违令者斩！"每次匈奴来，将士都收兵自保，严防烽火台，而不出战。好几年都这样，既没有战果，也没丢失东西。匈奴以为李牧胆怯，将士也以为李牧胆怯。谣言传到邯郸，赵王有些不信，派人来责问，李牧坚持如故。赵王发怒了，派人代替李牧。匈奴又来犯边，赵军出战，几次都被打败，边关也不能耕田放牧。赵王想启用李牧，李牧托病不出。赵王强迫他受命，李牧说："大王真要用我，必须同意先前的老办法，我才敢接令。"赵王答应了。

166

　　李牧又回到边关，恢复原来的命令，匈奴几年都抢不到东西，仍然认定李牧是胆小鬼。边关将士天天都得赏赐，憋了一身劲没处使，都来跟李牧请战。李牧要的就是这股士气，于是挑选战车一千三百乘，骑兵一万三千名，敢死队五万人，善射者十万人，加紧训练。布置妥当以后，李牧"大纵畜牧，人民满野"，引匈奴来抢。匈奴来了小队人马，赵军假装败逃，遗弃数千人，任凭匈奴杀掠。单于得到消息，大为振奋，亲率部队南下。这时的李牧多设奇阵，左右翼包抄，大破匈奴，杀敌十余万骑。单于狼狈逃走，十几年不敢走近赵国边城。李牧用兵深得谋略精要，可与当时名将媲美。

　　李牧在边关得到命令，当即挑选精锐，迅速南下，在今日河北石家庄一带，与桓齮遭遇。李牧带的应该是一支骑兵，而且是他亲自训练的，将知兵，兵知将，心齐如一，又与匈奴接触较多，机动性与战斗力都很强；又因为大胜匈奴，有信心，也没与秦军交过手，不畏惧，所以能够几次挫败秦军，让秦王嬴政、王翦不敢轻视。桓齮带领的军队，长距离绕行到邯郸北部，深入敌境作战，又没有部队接应。如果是小股精锐，行动固然迅捷，却难敌李牧骑兵；如果是大部队，长途跋涉六七百里，军队士气、战斗意志、行军速度、后勤补给都成问题，为兵家大忌，与秦穆公当年远伐郑国类似。双方遭遇之后，在肥下（今石家庄正东十五公里）打了一仗，又在宜安（今石家庄东南十公里）打了一仗，桓齮都输了，还奔秦国。李牧因此功封武安君。桓齮失败，主要在于选择了错误的攻击方向，既深入敌境作战，北线也没有接应，何况李牧的骑兵战斗力也强。

第二次攻赵战役实际上分成两个阶段：第一阶段秦军胜，杀死扈辄，斩首十万；第二阶段从秦始皇十三年（公元前234年）十月开始，打到秦始皇十四年（公元前233年）结束，结果秦军失败了，赵军取得一个难得的胜利。

第三次攻赵，秦国杀了赵军主将。虽然秦军在第二次攻赵谋略的后一阶段失败了，但因为有实力，所以没过多久，就组织了第三次攻赵，时间在秦始皇十四年（公元前233年）。这一仗秦国吸取教训，重新部署兵力，从南北两路攻赵，与第一次谋略相同。北路主将是谁，史书没有讲，南路主将仍然是桓齮。北路进展顺利，攻取宜安，杀了赵军主将，他是谁，史书也没有说。南路桓齮也很顺利，攻占平阳（大概上次桓齮失败后又被赵军夺了回去）、武城。不过，战争就此停了下来。

秦始皇十五年（公元前232年），秦国第四次攻赵。这次跟前三次不同，司马迁用了"大兴兵"三个字，表明秦始皇的决心很大，派出的部队很多。仍然是兵分两路，南北夹击。主将是谁，史书没有说。

秦军此时已经夺得邺、平阳、武城，赵长城的外围据点可能全部被攻占，所以这次攻赵，秦军南路顺利到达邺，但还是没有突破赵国依托漳水、长城建起的牢固防线，而在那里停下来。

秦军北路从太原郡出兵，越过太行山，攻占狼孟（今山西阳曲县）之后，又攻击至河北平原，在番吾（今河北平山南）与李牧遭遇，不胜而还。李牧成了秦国的克星，由于李牧的缘故，秦国暂时停止了攻赵，转过身来，顺势灭了韩国。

在形势尚不明朗、决策犹豫未定的情况下，先拿赵国开刀，是可以执行的谋略，而不需要等待与商量，因为有两点秦国很清楚：一是赵国还有相当潜力，为统一事业的最大障碍，必须继续予以打击；二是在北路攻赵、中路伐韩魏、南路击韩楚三个方向上，北路最不容易刺激六国合纵，最利于秦军行动。

秦国其实是在攻赵的实际行动中探索吞灭六国方法，所以一边打，一边观察，一边商量对策。这就是四次攻赵的谋略实质。谋定而后动，秦国所谋定的，是先打赵国最有利，至于先灭谁后灭谁，既然一时商量未决，干脆就在攻赵的过程，视情况变化来决定。

秦国四次攻赵，虽然没有灭掉赵国，却摸索出吞灭六国的办法，为后面以摧枯拉朽的方式扫荡六国做了铺垫。

秦始皇十八年（公元前229年），赵王迁七年，秦国第五次攻赵。这次的进攻路线跟原来一样。名将王翦又出现了，任北路主将，率领驻守在上地（即上郡，今陕西延安一带）的秦军，跨过黄河，翻越太行山，出井陉关，攻击邯郸北面。南路主将杨端和，羌瘣为副将，从河南新乡一带出发，由邺攻击邯郸南面。赵国方面由大将李牧、将军司马尚各领一军，分别阻击秦军，可能是李牧对王翦，司马尚对杨端和。李牧与司马尚堪称赵国最后的良将，他们依托太行山、漳水、长城等有利地形，对秦军展开顽强阻击。王翦知道这回遇到对手了，不愿意贸然进攻，相持一年，没分出胜负。杨端和在南线则有所突破，包围了邯郸。

秦国终于看清楚，李牧是灭赵的唯一障碍，于是再次使出杀手锏，派间谍去赵国搞破坏。间谍带了大量金银珠宝，收买赵王迁的嬖臣郭开。司马迁用"嬖臣"这个词来指称郭开，似乎表明他与赵王迁可能有同性恋关系，所以深得赵王迁宠爱。郭开诋毁李牧，说他和司马尚想造反。这么拙劣的诬告，赵王迁竟然也相信，派同宗赵葱、齐将颜聚代替李牧、司马尚。

大敌当前，赵王临阵易将，李牧知道后果，不肯交出兵权。李牧是一片忠心，却让奸臣的诬告成为事实。于是赵王悄悄派人逮捕李牧，将其斩首；司马尚被免职。李牧一死，王翦没了对手，立刻率队出击，阵斩赵葱，颜聚逃亡，才三个月，赵国就灭亡了。

赵公子嘉带着赵氏宗族逃到代（今河北蔚县），大概有李牧十几年经营，代的城池比较坚固，自立为代王（至今北蔚县还有代王城这个地名），与燕国军队联合抗秦，坚持斗争了六年。灭赵之后，秦王嬴政千里迢迢来到邯郸，把当年那些仇家，把那些得罪过他、得罪过他母亲家的人，统统活埋。

司马迁在评论赵国灭亡时说，赵王迁的母亲出身娼家，因赵悼襄王宠爱，废长立幼，让赵王迁即位。赵王迁没什么德行，也没什么本事，宠信嬖臣郭开，诛杀良将李牧，结果当了俘虏。司马迁同情赵国，也同情李牧。赵公子嘉是长子，如果他立为赵王，秦、赵之间的斗争可能会更加残酷。

在吞并六国的过程中，秦国用了九年的时间才真正将赵国消灭掉。之所以会出现这样的情况，主要就是因为在战争期间，秦国内部发生了一些事情，干扰了秦始皇的谋略决策；加上赵国名将李牧的顽强抵抗，这些事情都在影响秦始皇，结果延迟了灭赵时间。也可能跟秦始皇的个人感情有关，他在赵国受了很多欺负，上台之后，还不等国内完全稳定，就拿赵国开刀，大概是为了报复与泄恨。

赵国的灭亡，大大推进了秦王嬴政统一六国的进程。然而，这场战争给两国百姓带来的苦难也是沉重的。这就是战争。

引水灌城，魏国溺逝

进入战国末期，秦国最主要的对手就是赵国与楚国。赵国灭亡之后，楚国就成为最主要的攻击目标。因此在破燕的同时，秦始皇就决定

攻楚，派王贲夺取楚国十余城。但在秦、楚之间还存在一个魏国，使秦国兵力运转颇有不便。于是，秦国就开始筹划灭魏的战争。

战国时的魏国是个人才辈出的地方。然而，这些人才最后却多数离开了魏国，前往他国谋求大业。

我们先看看魏国的良将是如何离开的。其中，最为出名的大概要属为魏国立下汗马功劳的吴起了。吴起原是卫国人，一心想扬名立万。起初因为没有多大的名气，只能到较小的鲁国谋求前程。初到鲁国，鲁国国君不信任他，因为他妻子是齐国人。于是，吴起回家把自己的妻子给杀了，这才得到了鲁国国君的认可，官拜将军。吴起治军严明，与士兵同甘共苦，得到了士兵们的拥戴。更重要的是吴起善用兵法，曾成功击败齐国大军，为鲁国扬威。鲁国国君开始重用吴起，这引起了鲁国群臣的不满，他们认为吴起是个薄情寡义之人，不能给予重用。有些人说：<blockquote>"吴起小时候家里很富有，因为一心想要当官，将全部家财都用在了结交官员上，所以弄得家里贫困潦倒。人们讥笑他，他就杀了那些讥笑他的人。后来他跟曾参学习，学习期间他母亲去世，他连回去看一眼都没有。曾参看不起这样的人，与他断绝了关系。这样的人，又怎么能担当大任呢？"</blockquote>因为之前吴起曾杀妻求将，鲁国国君对这些话深信不疑，于是怀疑起吴起的为人，将吴起罢免了。

吴起听说魏文侯是个贤明的国君，便到了魏国。魏文侯不了解他，就问旁边的重臣李悝。李悝说："吴起这个人贪财好色，但是善于用兵，就算是春秋时期的司马穰苴在世也未必能打得过他。"魏文侯一听，心想，我要的就是能打的。于是，重用吴起。

<blockquote>
171
</blockquote>

第六章　鲸吞六国，一统四海

魏文侯果然没用错人，吴起做了魏国将军后，屡战屡胜，"辟土四面，拓地千里"。特别是公元前389年的阴晋之战，吴起以五万魏兵战胜了五十万秦军，大大地震慑了其他诸侯国。

吴起不仅是懂得带兵的奇才，也堪称是了不起的政治家。魏文侯死后，武侯即位了，当时吴起在魏国的地位已经很高，可以与君王同游。就在一次游玩过程中，武侯与吴起无意间谈论起了治国方略。武侯说，魏国地势险要，易守难攻，我们可以高枕无忧了。吴起听了摇摇头说，地势险要并不能使国家长治久安，真正能使国家长治久安的是对民众实行德政。夏桀的山河险要，因为没有德行而被商汤驱逐；殷纣的领土同样牢固，却因为没有仁德而为武王所灭。国家的安定不在于山河险要，而在于大王您是否实行德政。否则，就算是同坐一条船的人也会成为您的敌人的。然而，自古良才多人忌，后来，吴起还是被迫离开了魏国朝廷，外任守将。

后来魏国丞相去世，需要选取新的相国。当时吴起任西河的守将，很有威信，任相的呼声很高。谁知到后来，魏王却任用了田文为相。吴起不服气，就问田文："你的功劳有我大么？我统领三军，让将士们为国家卖命，使敌国不敢来侵犯。你有这样的本领么？"田文不慌不忙："当然没有。""那么，管理官员，充实国库，善待老百姓，你比我强么？"田文还是那句："当然没有。""那么，镇守西河，防止秦、赵、韩的来犯，你比我厉害么？"田文依然是："当然没有。""那你凭什么就当了国相？"田文微笑着说："现在武侯年纪轻，全国人都在担忧他是不是能够胜任，王公大臣中没有可亲近的人，老百姓也都不信赖我们，在这个时候，将军认为谁出任国相合适呢？"吴起低下头沉思很久说："我是不如田文你合适的。"从此，田文再也没有提及此事。可以看出吴起并不像鲁国人所说的是忌才残暴之人。吴起从魏国流失是魏国的一大损失。那么，吴起到底是怎么被排挤走的呢？

事情是这样的。田文死后，魏武侯任用公叔痤任魏相。公叔痤十分惧怕吴起的才华威胁到自己的地位，就想把吴起赶走。为了这事，公叔痤整日忧心忡忡。他手下的仆人看在眼里，急在心上，便处处为他出主意。这天，仆人对他说："国相不必过于担心，赶走吴起并不是难事，吴起是个自尊心强、好名望的人，只要我们想法让武侯对他产生怀疑就好办了。""那怎么让武侯对他产生怀疑呢？"公叔痤迫不及待地问。仆人便将计策讲了一遍，公叔痤高兴地按这位仆人的计策行事。

没过多久，公叔痤逮到一个机会对魏武侯说："吴起是个贤才，但我们的国家有点小，恐怕留不住啊！"魏武侯一听也有道理，便询问公叔痤该如何是好。公叔痤便说："我们可以把魏国的公主下嫁给他来做试探。如果他有长期留下的打算就会娶我们大魏的公主，如果他不娶可能就有叛离之心。"魏武侯竟然听信了公叔痤的话。随后，公叔痤找准了时机将吴起、公主邀请回家，想法激怒公主，公主果真气恼，对公叔痤大发雷霆。公叔痤佯装羞愧，偷眼看吴起，此时吴起已经变了脸，拿定主意不娶悍妇回家。于是当武侯提起这门亲事时，吴起委婉地谢绝了。之后，魏武侯开始怀疑吴起。吴起感到了魏武侯的不信任，怕招来灾祸便离开了魏国赶往楚国。

吴起并不愿意离开魏国，这是他为之付出血与汗的地方。在路过自己的守地西河时，他潜然泪下。来到楚国，吴起受到了重用。他帮助楚悼王施行变法，让楚国迅速强大起来。魏国却因为西河没有吴起的镇守，而被强秦吞并了。

吴起之后，商鞅和范雎也都去了魏国。商鞅这个中国历史上大名鼎鼎的改革家，却被魏王小看，然而，就是他，后来帮助秦国富国强兵，屡次挫败魏国。他看到卫国国势衰微，没有什么大的发展，便想到当时还较为强大的魏国来谋求发展。魏国国相公叔痤很欣赏商鞅，碰到什么重大事项都与他商量。公叔痤知道商鞅的才干，便把他推荐给魏惠王。公叔痤临死前告诉魏惠王："公孙鞅虽然年轻，但他是旷世奇才，如果有一天能成为相国定会强我百倍。如果您不想用他就一定要把他杀掉，以免他为别的国家所用，到最后对付魏国。"后来，公叔痤又告诉商鞅："你赶紧走吧，我让大王杀掉你，因为你太有才华，我不愿意别国用你而给魏国带来灾难。我告诉你是因为我要先公后私，对得起我们的国家，再对得起自己的朋友。"商鞅心想：既然魏惠王没有听公叔痤的话，起用我，也就不会听他的话，把我杀掉。不出商鞅所料，魏惠王以为公叔痤病糊涂了，说不清楚话，结果没重用商鞅，也没把他杀掉。商鞅见没有被任用，也就离开了魏国，到秦国去了。在秦国，商鞅的才华得以施展，主持了著名的商鞅变法。通过变法，秦国迅速崛起。秦国发动了几次对魏国的战争，魏国只能割掉河西之地给秦国来保住一时的太平，魏国也被迫迁都大梁。魏惠王后悔没有听公叔痤的话，不过为时已晚，一切都成定局。商鞅离魏到秦，使秦国更加强大，而魏国面对这种强大却无力还击。

比商鞅更倒霉的是范雎。范雎原在魏中大夫须贾手下做事，一次他随同须贾出使齐国，受到齐王热情而周到的招待，惹得魏国人臣红眼。红了眼的魏国权臣诬陷范雎通齐卖魏，结果被打断了筋骨。范雎是个记仇的人，这样的深仇大恨他怎么能不报呢？后来他在各国使者面前羞辱须贾，逼死魏相魏齐。对魏国的仇恨使得他在秦国攻魏的决议上持坚决支持的态度。范雎在秦国最大的政绩是提出了"远交近攻"的灭六国方针。这个方针是秦国横扫六国可执行方案的确定，也是六国毁灭的开始。从魏国出逃的范雎再一次为秦国注入了统一天下的生命力，再一次将魏国的灭亡向前推进一步。

不仅仅如此，继吴起之后，另一位有着卓越军事才能的军事家孙膑也离开了魏国。孙膑是孙武的后人，曾与庞涓一起学习，庞涓深知自己的才能远在孙膑之下。后来，庞涓出任魏国的大将军，有些战事难以应付，他便想起了同窗好友孙膑。庞涓本来是想让孙膑为魏国效力，但又怕危及自己的地位，便想办法给孙膑定了个罪名，将孙膑致残。

然而，就在庞涓残害孙膑之后没多久，齐国使者来到魏国。孙膑密见了齐使，一番畅谈，齐使如获至宝，偷偷地把孙膑运到了齐国。齐国将军田忌奉其为上宾。他帮田忌赛马，田忌赢得了千金赌注，更加器重他，便把他推荐给齐威王。齐威王也很重视孙膑，让他做田忌的军师。魏国曾攻打赵国，赵国向齐国求援，田忌听从孙膑的建议，率军向大梁挺近。在前方的魏军知道齐兵都打到自己家门口，只能回援。于是，赵国的困境得到了解除，魏军也疲于奔命，吃了败仗。这就是围魏救赵的典故。十三年后，魏国、赵国联合攻打韩国。韩国向齐国搬救兵，齐国再次派田忌出战，孙膑陪同。孙膑在魏国生活过，知道魏兵看不起齐军，于是采用让对方轻敌的策略，引诱庞涓中了埋伏。庞涓在马陵被万箭射死，齐军大获全胜。魏国十万大军被歼灭，连魏国太子也被俘虏了。从此，魏国一蹶不振。

魏人善嫉是出了名的，魏国国君甚至见不得自己的亲人比自己强。信陵君是魏安釐王同父异母的弟弟。魏安釐王是个十分嫉贤妒能的人，一次他在与信陵君下棋时，士兵进来报告说赵王率大军到了魏国边境，魏安釐王吓得立即起身召大臣商议。而信陵君阻止他说不可太过慌张，赵王是来打猎的，并不是来侵犯的。过了没多久，探子果然来报说，赵王是来打猎的。魏安釐王惊讶地问信陵君是怎么知道这件事的。信陵君说自己的门客能够知道赵国的举动，请安釐王放心。安釐王从此忌惮信陵君的才华与谋略，不敢将国家大事交给信陵君。后来，信陵君窃符救赵，不敢回到魏安釐王的身边，在赵国一待就是十年，直到听说秦国开始攻打魏国，信陵君惧怕无颜面对天下才回国帮助安釐王抗秦。魏国联合其他几国共讨秦国，秦国大败。

秦军的大败使得当时作为秦王的异人非常惊骇，他意识到不除掉信陵君很难攻下魏国。于是异人派人到魏国再次使起了反间计。异人说信陵君要南面称王，安釐王再次中计，罢免了信陵君"上将军"的职位，安排他做将。信陵君何等聪明的人，明白自己又遭到了奸人的暗算，立刻称病不上朝，整天花天酒地，不理政务。魏安釐王这下可放心了，没人再争他的位置了。而这短视的君王却不曾想到，强秦正在虎视眈眈地向自己靠近，只是因为忌惮信陵君才有所收敛。后来，信陵君终于不情不愿地死了，魏安釐王也终于安安心心地去了。他们的死不仅意味着生命的终结，同样也带来了魏国历史的穷途末路。

秦王嬴政五年（公元前243年），秦国一听说信陵君死了，于是就派蒙骜前去攻打魏国。随后，攻下了魏国二十座城池，建立了东郡，魏国无任何反抗之力。魏国曾是一等强国，由于变法不彻底、魏王平庸、人才流失、战略错误等原因，先后两次被齐国打败，于是国力大减。到战国末期，在秦国的日益蚕食下，魏国只相当于一个郡了。

秦王嬴政十六年（公元前231年），魏景湣王迫于秦国的强大威力，主动向秦进献出丽邑，以求缓兵。此时，秦王嬴政正调集兵力准备向赵国发起总攻，不想分散兵力攻魏，就接受了献地。这使得魏国又维持了数年残局。

秦王嬴政二十二年（公元前225年），就在秦军主力南下攻楚的时候，秦王嬴政派出年轻将领王贲，率军围攻魏都大梁（今河南开封）。魏国放弃大梁外围的全部土地，龟缩于大梁城内，借坚城高墙做最后抵抗。大梁城位处平原之上，经过魏国百余年经营，墙高城固，秦军要硬攻，也不是易事。王贲看到大梁地势低洼，便想起用汴河之水灌入城中。这样大梁经过三个月的浸泡，城墙全都坍塌了。在城外舒舒服服地等待城墙垮掉的秦军，没费吹灰之力就攻下了魏国。魏国最终还是纳入了秦国的版图。

魏国的灭亡是因为国力不强，国力不强的主要原因是魏国不仅不会用人，而且还为他国创造了人才。

刺秦失败，燕国庸失

在灭赵的过程中，秦国大军已兵临燕国边境。燕国的首都蓟城在今日北京市西南郊，即史家所谓的蓟丘。赵国灭亡，秦国疆土与燕国相邻，只要突破燕国边防，长驱直入二百里，可到蓟城。

燕国北面防线，西端从张家口西部开始，由西向东，一直延伸到今日辽东，最后折而向南，到达今日朝鲜境内的清川江入海处，筑有漫长的燕长城。

燕国南部防线则以易水为中心，易水以东是黄河下游河滩和盐碱地，不利行军；易水以西至太行山脚的百余公里，大都为平原，是防御重点。当日易水河有南北两条，都发源于太行山中。北易水河与涞水（今拒马河）相汇，最后流入黄河故道。南易水河经过今日河北徐水，然后继续东去，最后也注入黄河故道。燕国依托南易水河筑有长城，是抗击秦军的主要工事。

韩、赵灭亡之后，统一战争就轻松起来，只有楚国要费点脑筋，魏、齐、燕都不足虑，所以秦国不再顾忌两面作战。王翦的大军驻扎在中山（今河北定州），北可灭燕，东可亡齐，还可南下伐魏击楚。此时的燕国君惶惶不可终日，眼见秦国扫平三晋，就要向自己杀来，却无计可施。燕太子丹最终想出了孤注一掷的暗杀行动，即历史上有名的荆轲刺秦王，时值秦王嬴政二十年（公元前227年）。

燕太子丹派荆轲刺杀秦始皇，没有成功。秦始皇大怒，命令王翦立刻攻燕，还增加兵力，想一战而定燕国。眼看着赵国灭亡，敌人大兵压境，燕国也在寻找阻击的办法，赵国余部代王嘉也来依靠燕国。于是燕国以燕军为主，与赵王嘉的军队联合驻扎在易水县（今河北雄县），依托南易水河与燕国长城，重点防守易水以西。

吞韩灭赵极大地增强了秦始皇的信心，他想直接强攻蓟城，不做任何迂回。王翦乃当世名将，明知秦国国力远胜燕国，仍然不愿正面强攻。他判断燕国会重点防御南易水河与燕长城，而东边河滩与盐碱地又不便行军，遂采取迂回包抄的战术，从南易水河上游太行山地绕过燕长城，突击燕军侧背，在易水之西，大破燕军。随即北上，围攻蓟城。秦王嬴政判断拿下蓟城已不是问题，为了照顾下一步大棋——灭楚，于是增派兵力，要王翦一举攻下蓟城。秦始皇二十一年（公元前226年），王翦打下蓟城，前后只用了十个月。

燕王喜与燕太子丹退守辽东，代王嘉逃往上谷。秦将李信对燕王喜和太子丹穷追不舍。代王嘉给燕王写了一封信："秦军追得紧，完全是因为太子丹。如果把他杀了，献给秦王，秦王就会罢手，燕国社稷就能保存。"代王嘉的主意不怎么高明，燕王喜竟真的派人杀了太子丹，献给秦王。

秦王嬴政二十五年（公元前222年），王贲奉命攻伐燕国在辽东的残余势力，俘获燕王喜，燕国彻底灭亡。与此同时，刚在南方灭楚的大军，又乘胜降服了越君，设置会稽郡。于是，长江流域全部并入秦的版图。

在这次的战争中，王翦的军功虽不如白起显赫，而在秦国具备绝对优势条件下，仍然选择迂回包抄战术，避免将士无谓牺牲。秦王嬴政从灭燕开始有了骄傲轻敌思想，为后面李信伐楚失败埋下祸根。

乘虚而入，楚国消亡

楚国为春秋战国时期最强大的国家，曾经占据中国一半土地，疆域辽阔，山林茂密，物产丰富，号称拥有甲士百万，完全拥有长江流域，也是春秋五霸之一。在当时，有战略眼光的人就已经预测到，并中国者，非秦即楚，所以《战国策》说，"横成则秦帝，纵成则楚王"。

然而，随着楚国宗室大臣作乱，使得吴起在楚国的改革没有延续下去。吴起死后，新法大部分被废除，楚国前进的步伐就此停止了。

当时，吴起的变革首先是废除世袭制。在楚国，爵位和俸禄都是世袭的，这种对贵族、功臣的奖励严重影响了平民阶层的人才脱颖而出。贵族、功臣的子孙因为可以承袭父位而不思进取的人很多，这就成了在楚国为官的人，多数都是平庸之辈。这些平庸之辈占据了国家的重要位置，却没有能力建设好国家；而有着卓越才能的人，又无法越过这些贵族、功臣成为楚国的栋梁之才，人才的积极性得不到发挥，导致楚国人才匮乏，无法强大起来。吴起先拿贵族、功臣开刀，自然会得罪到这些养尊处优的人。他提出：职位世袭不过三代，过了第三代，如果这些人中还没有人为国家立过功劳就不能承袭先前的职位了。这样，那些贵族、功臣的子孙没有了保障，宗室们开始反对吴起变法。无奈楚王全力支持，他们只好忍气吞声。

不但如此，吴起还提出裁减冗员，把官吏中那些无能的、无用的、贪婪的官吏撤掉，希望可以减少国家不必要的开支。结果，被裁减的人员也多是王公贵戚、功臣子孙。这进一步激化了宗室、功臣与吴起的矛盾。吴起还有一条更为触怒宗室、功臣的措施，那就是主张派贵族到楚国闲置的土地上去拓荒。这样一来，他们对吴起的变法产生了更多怨言。

楚悼王死后，宗室大臣就杀死了吴起。当时，楚悼王的尸骨未寒，大臣们就一起攻杀吴起。吴起知道自己不能脱身，便趴在楚悼王的尸体上，希望他们顾及楚王尊严，暂时放过自己。结果宗室们理都不理，拿出箭来射杀吴起，吴起被射死。因为吴起一直趴在楚王尸体上，楚王的尸体也被射上了箭。继位的太子，命令令尹将那些把箭射到楚王身体上的人，一并处死。

吴起死后，变法的大部分内容也被终止了。而此时，秦国的商鞅变法正在轰轰烈烈地进行。两国的国力对比就在此时发生了变化。秦走向富强，楚原地踏步。

后来，又由于楚怀王昏庸无能，既中了秦国圈套，又怒而兴兵、连吃败仗，结果丢失大片土地。随着秦军的胜利，楚国为避敌锋芒，又两次徙都，都在黄淮平原上，无险可守，最后迁到寿春（今安徽寿县），这里距淮阳215公里。此时楚国土地仍然可称辽阔，包括今日河南、山东局部以及长江中下游的广大地区。长江中下游地区遍布沼泽湖泊，湿气瘴气很重，还不适合广泛居住，因而虽有长江天堑，楚国却没有办法利用。随后，楚国日益被秦国蚕食，越来越衰弱。

春申君是楚顷襄王的弟弟，原来陪同楚国太子在秦国做人质。后来，楚顷襄王病重，春申君帮助太子与秦国周旋，最后使太子得以回到楚国，出任国君，他就是历史上的楚考烈王。楚考烈王一直没有子嗣，于是，就有了李园送妹妹给春申君，春申君又将李园妹妹送给楚王，李园妹妹生子得王后之位一事。这一事件过后，李园得到重用，连春申君都不如他有权势。李园怕春申君将自己妹妹的事情泄露出去，便培养了一批死士，伺机杀掉春申君。楚考烈王死后，李园抢先入宫，在宫门埋伏下了刺客。春申君入宫时，李园派去的刺客杀死了春申君，并将春申君满门抄斩。李园妹妹的孩子被立为楚幽王，随后李园独揽了楚国的大权，政治更加的腐败黑暗。

春申君被称为"战国四公子"之一，他的死同样给楚国带来了重大损失。因为有春申君在，秦国还会有所顾及。如今春申君已经不在了，秦国不需要顾及春申君的交好和才干，秦军大举进攻楚国的日子也就不远了。

谋
吞
六
国

秦朝开国奇谋

楚国是南方大国，秦王嬴政颇为重视，灭燕的同时，即派王贲率部攻楚，夺得十余城。这是侦察性行动，意在试探楚国实力，为全面攻楚做准备。燕国初定之后，即秦王嬴政二十二年（公元前225年），秦国已不顾忌两线作战，王贲率队灭魏，李信引兵攻楚，两路同时出击。

李信是秦国的青年将军，曾跟随王翦破燕，西汉名将李广是其后人。秦王嬴政未采纳王翦的建议，而是依李信之言，派李信与蒙武领兵二十万南下灭楚。楚国以项燕为将，引兵抗秦。项燕乃楚国名将，项羽就是他的孙子。他家世代为楚将，因封在项地而姓项。项燕深知平原旷野的作战要领，没有固守城地，而采用大部队迂回的战术，主力随自己行动，派出一部兵力迂回穿插至秦军背后，造成切断秦军归路的态势，迫使敌人回援，然后捕捉战机，打击敌人。

这次战争，李信失败了，秦始皇很生气，不得不重新起用老将王翦。于是王翦带着六十万大军浩浩荡荡出发了。还没走出多远，王翦就派人来跟秦始皇要求田宅园池，要得还很多。

秦始皇说："将军都出发了，还担心贫穷吗？"

王翦说："做大王的将军，有功也不得封侯，所以老臣及时要求一些园池产业，好留给子孙。"秦始皇笑起来。等他走到函谷关时，已经派使者跟秦始皇要求了五次财产。

有人说："将军您要得也太多了吧？"

王翦说："大王看似粗心，其实生性多疑。现在全国甲士都在我手上，我不多请田宅为子孙，难道要让大王来怀疑我吗？"

王翦想得没错，秦王嬴政是个多疑的人，他把全国的兵力都交给了王翦，若王翦想要叛乱，嬴政必亡无疑，他怎会对王翦没有防范？王翦不断地向秦王索取产业，嬴政也不断地满足他的要求。这对于王翦来说简直是双赢，既得到了良田美宅，又得到了秦王的信任。

听说敌人"空国中之甲士"来战，楚国也"悉国中兵以御之"。秦军以王翦为主将，蒙武为副将，楚国则以项燕为主帅，景骐为副将。秦兵六十万，楚军四十万，展开当时最大规模的一次会战。在这次的灭楚之战中，王翦采用了与李信完全相反的谋略。王翦的谋略意图是，依靠秦国强大的战略优势，反客为主，以逸待劳，以守代攻，等楚军在攻击中出错时，乘机反击，打垮楚军的有生力量，灭楚就容易了。这就是《孙子兵法》上讲的"先为己之不可胜，以待敌之可胜"。

楚军多次前来挑战，秦军都闭门不出，也不反击。项燕担心师劳力竭，被敌人偷袭，就引兵东还，另想办法。

四十万大军要撤退，当然有一番大动作，这就给了王翦机会。秦军乘势而出，大破楚军，在追击中又杀了项燕，四十万楚军全部溃散。王翦老谋深算，终于实现歼灭敌人主力的谋略目标。秦军乘胜追击，在秦王嬴政二十四年（公元前223年），攻入寿春，活捉楚王负刍，楚国灭亡。王翦、蒙武又渡过长江，深入江南作战，用了一年时间，才消灭各地残余势力。

秦王嬴政二十五年（公元前222年），将楚国完全归入自己的版图。

亲佞远贤，齐国就降

从姜太公立国开始，齐国就是一等强国。姜太公封于齐，积极发展工商渔盐之业，人民多来归附，又东征西讨，平定周边，遂成大国。后来齐国发生内乱，田常代齐，齐国不姓姜而姓田，国号却保留下来。到齐桓公称霸诸侯时，齐国盛极一时。秦国崛起于西方，齐国与秦国并称两强。

齐国在齐湣王初期，国力还是相当强盛的。齐国一直想要灭掉宋国，宋国与齐国接壤，攻下宋国，齐国领土会大增。当时宋国百姓饱受宋国君王的残暴统治，五国还在抗秦，无暇顾宋。齐湣王认为这是最好的时机，于是，乘机灭掉了宋。

齐国灭宋引发了其他几个国家的不满。燕昭王一直想要报齐当年灭国的仇，加上苏代为他分析的燕国战胜齐国有利的条件，燕昭王的灭齐之心就更加强烈了。另外，几个国家也怕齐国强大起来，打破原来的国与国均衡的局面，而使自己一方处于劣势。齐湣王偏偏在这个最敏感的问题上犯了大错。周赧王三十一年（公元前284年），燕国终于找到了攻打齐国的借口。于是，与其他几国联合伐齐。最后，齐湣王兵败身亡，齐国也被燕国占领，齐国国力一落千丈。

齐国的衰落始于燕昭王伐齐，齐国差点亡国。后来田单用火牛阵恢复齐国，但齐国从此衰落下去，再不能与秦国相抗。燕国伐齐时，齐王被杀，儿子流亡在莒，给一个名叫太史敫的人当下人。太史敫的女儿看他生得相貌不凡，不似普通人，悄悄拿些吃的穿的周济他，私下里两人就好上了，于是史书说他们"私通"。时间久了，他才说自己是齐国太子，于是被莒人推戴为齐襄王，为复国树立了希望。

那个女子当然就做了王后，史家称为君王后，生儿子建。太史敫说，"没有正式媒聘，女儿就自己嫁了，这是玷污我的家族"，终身不见君王后。尽管如此，君王后还是没有缺失做女儿的礼数，所以史书说"君王后贤"。

齐襄王死后，儿子即位，就是齐王建，君王后主持朝政。君王后是一个女人，难免缺乏远见，采取了谨慎侍奉秦国、保护齐国平安的谋略，成效果然显著，齐国四十多年无兵灾。秦国却在这四十年间，日夜攻伐赵、韩、魏、燕、楚五国。

齐王建六年（公元前258年），秦、赵在长平决战，齐国没有救援，赵国缺粮，向齐国求救，齐国也不给。

齐国的谋臣说："不支援赵国，这是齐、楚的过失，正好中了秦国的诡计。赵国与齐、楚为唇齿相依，唇亡则齿寒，今日赵国灭亡，明天就轮到齐、楚。因为心疼粮食，就不支援赵国，哪里是为国家谋利益！"

秦破长平，又围邯郸，齐国也没有派兵支援。赵国就这样被秦国打垮了。

齐王建是个无能之辈。母亲健在时，他依赖母亲；母亲临终前，他还死皮赖脸地要母亲写下可以辅佐他的大臣的名字。齐王建十六年（公元前249年），刚毅不屈的君王后逝世，后胜任宰相。秦国迅速展开收买内应的活动，向后胜馈赠大量的黄金、玉器。后胜得了秦国的好处，就派出大批宾客相继赴秦。秦国又对他们大肆贿赂，送给金钱、珍宝，让他们回齐国充当内应。这批人从秦国回来后，就积极地制造亲秦的舆论。他们说齐王建应西去朝秦，以表归顺，又说秦齐是姻亲，根本不用备战抗秦，也不要帮助三晋、燕、楚攻秦。

后胜昏聩，也决定让齐王去朝见秦国，虽然明知这是有辱国格的行为，而且还可能会被秦国活捉，逼迫齐国投降。

当齐王建来到雍门，掌管门卫的武官（雍门司马）横戟挡于马前，说："国家立君王，是为了社稷，还是为了君王？"

齐王建说："为社稷。"

司马说："既然是为社稷，大王为什么要抛弃社稷去秦国？"

齐王建就返回去了。区区一个雍门司马就有这等胆量见识，可知齐国也不是没有人才。即墨大夫听说此事，也来见齐王说："齐国地方数千里，甲士数百万，三晋流亡人士也不少，大王把他们团结起来，编成一支大军，西越黄河，攻打临晋关。楚国大夫不愿降秦的也有好几百人，现在也集中在南城之下，大王也把他们团结起来，编成一支大军，收复楚国故地，可攻打秦国武关。如此一来，齐可立威，秦可亡国，那就不只是保卫国家而已了。"齐王建不听。

即墨大夫仍然以老眼光看待形势，没有抓住当时的政治核心。三

第六章　鲸吞六国，一统四海

晋、楚、燕的流亡人士当然是一股力量，但当时的主题已不是收复三晋与燕、楚故地的问题，而是经历长期混战之后，中国要不要统一、如何统一、统一于谁手。对于帮三晋、燕、楚收复故地这种事，齐王建显然没有兴趣。即墨大夫如果以统一天下来说服齐王建，鼓励他去建立功勋，超越三皇五帝，也许还能刺激一下他那颗悲观、沉沦、死寂的心。即墨大夫想东攻临晋，南克武关，虽然从理论上可以对秦国形成钳形攻势，但这个谋略不能执行。以流亡大夫为旗号而临时编练的军队，即使有百万之多，也不过是乌合之众，如何能抵挡秦国的虎狼之师？那是一支百战百胜的军队，还有王翦、王贲、李信、蒙武、蒙恬、蒙毅等将领。

即墨大夫也夸大了事实，齐国没有办法编练百万军队。不过，即墨大夫所指出的，三晋、燕、楚所残存的反秦人士是一股强大的、可资团结的力量，确实是事实，应该予以重视。秦帝国过早崩溃，就跟没有安顿好这股残存的反抗力量有莫大关系。

雍门司马是一个中级军官，齐王建因为他一番话就放弃朝秦，即墨大夫的话不太实际，所以他不听。这表明齐王建不是白痴，不是什么都不懂，明白朝秦不妥当，知道抗秦斗争不是靠简单的勇气就能成功，所以他能被雍门司马劝阻，而又拒绝即墨大夫。他又是一个缺乏主见、行事软弱的君王，如果他身边不是后胜这类投降派，而都是像田单那样的务实、高明、善于用兵的爱国忠臣，或者有雍门司马的胆量见识也行，齐国就有可能领导最后的抗秦斗争。

由于秦国的拉拢手段，齐国几乎放弃了所有抗战准备。秦王嬴政二十五年（公元前222年），正当王翦、蒙武深入江南作战时，王贲、李信率部远赴辽东，消灭燕国残部，活捉燕王喜。跟着回师击代，俘虏代王嘉，赵国残余也被消灭。现在只剩齐国独立于寒秋。

秦王嬴政二十六年（公元前221年），秦王嬴政命令王贲挥戈南下，攻打东方六国中最后的齐国。齐王建与后胜终于知道大祸要临头了，赶紧调集军队防守齐国西界，与秦国断交，即司马迁说的"齐王建与其相后胜，发兵守其西界，不通秦"。可惜他们醒悟得太晚了，也不懂得灵活用兵。齐国西部、南部均有长城，西接济水，东至于海，绵延350公里，但北部没有长城。王贲、李信、蒙恬避开西面的齐国主力，从燕国南部出发，如秋风扫落叶一般卷入齐国北部，直插都城临辎。齐国军民过惯了安稳的生活，突然遇到秦兵，不能做任何抵抗，"民莫敢格者"。

陈驰为朝秦返齐的宾客之一，奉了秦王密令，回来当间谍，此时乘机诱降齐王建说："大王还是入秦朝见吧，秦王答应封给您五百里土地，您还是大王。"

敌人兵临城下，齐王建只好投降。秦始皇把他流放到共（今河南辉县），丢在一片松柏林中，活活饿死。齐国不战而亡，成为六国中最窝囊的灭亡方式。伴随着齐国的灭亡，秦王嬴政终于统一了六国。接下来嬴政灭掉六国后的第一件事，就是称帝。

第七章
内修国政，强化集权

　　秦王嬴政统一六国之后，为了避免分裂的局面再次出现，便采取强化中央集权的举措。在这个过程中，他做的第一件事就是自称始皇帝。随后，又在谋臣的建议下，实行郡县制度，并且统一了度量衡，规范了文字和货币，在中国历史上划下了重重的一笔。不仅如此，秦始皇还修筑了直道等，便利了全国的交通。然而，这个时期的焚书坑儒却是让天下士人所痛恨的，也是一大败笔。

一统天下，称始皇帝

秦王嬴政二十六年（公元前221年），秦王嬴政终于尽灭六国、统一天下，结束了自春秋以来持续了五百多年的诸侯割据纷争局面，我国历史上第一个中央集权的封建君主制国家建立。秦之所以能灭六国，原因是多方面的，但本质原因是它顺应了历史发展的必然趋势。

天下统一之后，秦王嬴政让丞相、御史发布命令，说明他扫荡六国、统一天下的理由，其实是为秦国的武力征服做一个总结，让天下人相信，秦国发动那场持续十六年之久的战争，是迫不得已，责任在六国，而不在秦国。其内容大致如下：

韩国，韩王本来已经纳地效玺，请为藩臣，却与赵国、魏国合纵叛秦，所以兴兵讨伐之。

赵国，赵王派丞相李牧来与秦国结盟，于是秦国归还赵国人质。但赵国转过身来就撕毁盟约，反攻太原郡，不得不兴兵诛灭之。赵公子嘉不奉秦命，自立为代王，也举兵消灭之。

魏国，魏王也答应臣服秦国，竟悄悄与韩国、赵国谋划，企图偷袭秦国，所以兴兵破大梁。

楚国，荆王本来已经献地入秦，转而背叛盟约，出兵攻南郡，所以也发兵征讨之，攻灭其国。

燕国，燕王昏乱，竟敢让太子丹派荆轲来刺秦王，也兴兵诛灭之。

齐国，齐王采纳后胜的计谋，与秦国绝交，意图作乱，不能不兴兵消灭之，收平其地。

这道命令还有一个内容，秦王嬴政说："寡人以微小的身躯，兴兵诛暴乱，天下大定，若不变更名号，无以称成功，传后世。各位爱卿，我该用什么名号？"

丞相王绾、御史大夫冯劫、廷尉李斯说："过去三皇五帝，地方不过千里，外夷不相宾服，诸侯不受节制。现在陛下平定天下，海内为郡县，法令统一，此等盛事自古没有，三皇五帝不及。臣等与众博士官商量，一致认为，古时有天皇、地皇、泰皇，泰皇是人最尊贵的名号，大王就称'泰皇'。大王发布的口头命令叫'制'，大王发布的书面文告叫'诏'，大王自称'朕'。"听完这些，秦王嬴政高兴地说："去掉泰字，保留皇字，采上古帝位号，称'皇帝'。"随后，秦庄襄王被追尊为太上皇。

这就是秦始皇高明的地方，从三皇五帝中各取一字，亲自确定皇帝名号，站得高，看得远，所以结论不同。他确立"皇帝"这个名号，表明自己功盖三皇，德超五帝，也显示出他对自己的极度自信，为后面的极度自负画出一条轨迹来。

大臣们以为名号的讨论就此为止了，没想到嬴政又提出了一个想法，其实就是命令。他所下的第一道命令是："朕听说太古有号无谥，中古有号，死了才为谥。子议父，臣议君，朕不这样认为。从今往后，废除谥法，朕自此称为'始皇帝'，以后是二世、三世，直至千秋万世。"秦二世胡亥的名号就是这么来的。秦始皇反对"子议父，臣议君"，显然跟儒家思想有关系。就这样，秦始皇迈出了帝制谋略的第一步，中国从此走入帝制时代，并且延续了两千多年，对中国产生了巨大、深远的影响。

秦始皇确立皇帝名号的谋略意义在于：1. 先从称谓上把皇帝神圣化，他不是凡人，所以拥有无上权力，皇帝的意志就是法律，命曰制，令曰诏，集立法、行政、司法大权于一身，确定皇帝的独裁地位不可动摇，也不容侵犯，连神权都不能约束；2. 废除谥法，不准臣议君、子议父，加强皇帝的神圣性与权威性，也就加强了皇帝的独裁统治；3. 皇帝这个位子，只能在皇帝家族中传承，二世三世，至于万世。这个谋略后来被刘邦进一步细化，"非刘氏而王者，天下共击之"。

秦王嬴政统一六国，站在历史的角度上看是社会的进步；站在秦国人的角度来看是顺应形势；而站在六国寻常百姓的角度来看，嬴政发动的是不义战争，他们的国被灭了，他们原来所遵循的法律与习惯被彻底地颠覆了，六国人怎会对嬴政没有丝毫怨言？嬴政心里明白这一点。他不在乎别人的诅咒与谩骂，但是他怕这种诅咒与谩骂会危及到他的统治。六国之民加起来要比秦国人多上好几倍，反对他或对他不满的，要比拥护他的人多上好几倍。要想稳定民心，安抚百姓就要想办法让他们认为这是上天的安排，既然是上天的安排，老百姓就会乖乖地服从了。要想让百姓知道自己是上天派来管理他们的，就要有一个说法，这就要从名号说起。那么，"始皇帝"这个名号背后到底蕴含着怎样的玄机呢？

秦王嬴政自幼在外受到歧视，自己的身世又不清不楚，即使继承了大位也难掩蜚语流言。他不愿意提及自己的过去，更不愿意深刻探究自己的前世今生。再考虑到实际统治的需要，要堵住百姓的悠悠众口，在名号上下一些功夫也是值得的。嬴政自称"皇帝"独占了"朕"无非是想抬高自己的身份，神化自己，独揽大权。他将自己与其他君王、大臣以及他的国民严格地割裂开来，高高在上地俯视这些人，让这些人对他顶礼膜拜。这样的称号足以显示他独一无二的威仪，他要人们感觉到他是神圣不可侵犯的。"皇"是天人合一的称呼，而"帝"是天号，"皇帝"就是天，这是在神化自己。

神化自己并不能让百姓完全信服，要让百姓完全信服就要有一套说辞，证明自己是合理、合法的。合理合法就是合乎天理，遵循天的旨意。那么，怎样表明由自己来统治是合乎天理的呢？一般古代有几种方法可以运用：一种是，借用预言，就是古人的"谶"；一种是，借运势、规律；另一种是借用传国玉玺，这是一种最有说服力的；还有一种是，封禅大典。这几种方法经常被帝王拿来愚弄百姓，却也屡试不爽。秦王嬴政清楚地看到了这一点，于是，就要采取这些方法来迎合百姓的心理，为自己的帝位增添一些神秘。

为了说明自己的统治是合乎天意的，秦王嬴政便命人寻找典籍，企图引经据典，找出秦王朝立足的预言。经过一番查找，终于找到了500年前的一段记载：500年前，嬴政的先祖曾经在捕猎时，抓到了一条黑龙。

这条黑龙就是秦王朝将统一天下的预言。当然，这只是个传说，还是难以令人信服的，还需要有一套理论做支撑。那么什么样的理论能支撑起他代表天的说法呢？这就要说到战国时期的邹衍。

战国时期，邹衍曾提出过"五德始终"之说。它指的是，水德王朝、火德王朝、木德王朝、金德王朝、土德王朝，互相承袭，交替出现。这是邹衍根据传统的五行之说演化出来的政治学说。这一学说恰好为秦始皇嬴政准备了他自认为可以安抚百姓的理论基础。秦始皇以周朝为火德，水能灭火，所以秦为水德，以十月作为每年的开始（阴阳五行观念认为冬天水旺，十月为亥月，水之首。大自然的规律则是冬天为枯水季节，两者并不相同），衣服旌旗都用黑色，黄河改名叫德水。邹衍的阴阳五行思想加载到朝代更替上面，构成一个循环状态，黄帝为土德，夏朝为木德，商朝为金德，周朝为火德，秦朝为水德，汉朝又为土德，一个克一个，代代更替，循环无穷。

但是，秦始皇嬴政也明白，这个学说有一个弊端，那就是天道循环，就是说，我大秦王朝也会为天道所灭，也会出现王朝的更替。这可不是嬴政所希望的，他希望大秦王朝与世长存，千秋万代都歌颂他的功德，于是又想出了"数以六为纪"理论来弥补"五德始终"的缺陷。水在北方，属于黑色，在数字上为六，所以秦帝国以六为数，符和冠都为六寸长（符和冠是权力身份的象征），车辆六尺宽，皇帝乘六马，六尺为一步（长度单位）。收天下兵器，铸为十二金人，分天下为三十六郡（后来增加为四十四郡），徙天下豪富十二万家居咸阳，似乎都跟六相关联。写成于周代的书籍对数字六和十二有丰富的哲学认识，而甲骨文则完整记载了六十天干地支表，这表明中国人对数字六和十二的认识，其实远远早于周王朝。

不仅如此，由于水属阴，主刑杀，于是秦始皇急法刻削，也不大赦天下，搞得人民怨声载道，指责他刚毅暴戾，刻薄寡恩。这些跟阴阳五行相关的治政思想，在两百余年的时间里，经过一系列演变，成为皇帝、天子、龙种等神学思想，证明皇帝的权力得自于天，臣民只能服从，不能反对。

接下来秦始皇昭告天下，说他是顺应天命来统治天下的臣民的。这样秦始皇嬴政就想到了天地祭典，也就是所谓的"封禅"。在泰山山顶祭天称为"封"，在梁父山祭地称为"禅"。封禅是西周时期出现的一种宗教祭祀仪式。秦始皇把封禅与自己受命于天联系起来，大张旗鼓地要人们相信，他是天的代表。这也形成了后来改朝换代时，帝王们通用的把戏。"奉天承运"也成了中国特有的文化现象。

秦王嬴政二十八年（公元前219年），始皇帝东巡郡县，召集齐、鲁之地七十多个儒生、博士到泰山脚下，商议封禅典礼的各种事宜，结果儒生们讨论来讨论去，莫衷一是。秦始皇嬴政不耐烦了，就屏退了儒生，自行订立了礼制进行封禅大典。封禅大典做下来，秦始皇嬴政才算稍稍安了心，心安理得地用了"皇帝"的称号。从此，"皇帝"的称号就一直延续下来，直到袁世凯时期才终止。

加强集权，郡县统治

　　确定自己的名号只是秦始皇统一中国之后的第一步，接下来的事情就是要加强集权，制定国家的官制，以便更好地管理国家。

　　这次，秦始皇又将如何管理国家交付廷议。在这次廷议上，丞相王绾提出：六国刚刚被灭掉，人心还不稳，原来燕、齐、楚的地盘离我们国家的中心很远，如果不派有能力的王去镇守就会很难管理，甚至发生暴乱，所以可以将皇子立为王，前往边镇治理地方。实际上这就是周朝以及战国时期多数国家的做法——实行分封制。当时几乎所有大臣都同意实行原来的分封制，只有廷尉李斯出来反对这个做法。

　　李斯说："周文王、周武王分封子弟同姓为诸侯，他们的后人却与周王越来越疏远，代代攻伐，相互诛灭，形同仇人，连周天子也不能禁止。现在全靠陛下英明神武，海内才实现统一。王子和功臣有税收做赏赐，而无独立地盘做根基，这才是天下的安宁之术。若分封诸侯，各自独立，就很难控制了。"秦始皇嬴政本来就想大权独握，并且这个大权越少威胁越好。秦始皇嬴政心里很清楚，而且周王朝深刻的历史教训他也看在眼里。秦始皇嬴政与李斯在思想上存在着太多的相同之处，于是，他坚决支持李斯的建议，全国推行郡县制。秦始皇说："天下战斗不休，就是因为诸侯。靠了祖先神灵保佑，我们才平定天下。若再立诸侯，埋下隐患，要想天下宁息，岂不困难？廷尉说得对。"群臣暂无异议。

李斯正是因为他与秦始皇的国家谋略高度同步，所以才能从一个小小郎官，平步青云至丞相宝座。他靠的不是巴结，而是以真本事为基石的衷心迎合，秦始皇需要的就是这样的人才。秦国建朝十五年而亡，最突出的政治贡献，就是为古代中国奠定了以郡县制为主，而允许郡县制与分封制并存的国家模式。

据史书记载，郡县制最早产生于战国时期的晋国。战国时期，这些郡级别略低于县。魏文侯时期的吴起就是西河郡的太守，后因武侯的猜疑而离开魏国来到楚国，在楚国边郡做了一年太守后才被任命为令尹。

周朝的制度是，天子辖区千里，分为百县，县有四郡，县比郡地位高，所以《左传》说："上大夫受县，下大夫受郡。"到了秦始皇这里，正式确定国、郡、县三级行政制度。他选择郡县制不是没有道理的，他希望建立一个中央集权的国家，更希望这个中央集权的国家只听他自己的。要想控制住全国局势就要控制住下面的百姓，要想控制住下面的百姓就要设立控制机制，这个机制就是郡县制。秦王嬴政二十八年（公元前221年），始皇帝将全国划分为三十六个郡，郡的最高长官为守；接下来是县，县的最高长官为"令"，都由皇帝直接任免，不能世袭。因为下层行政机关的官员不能世袭，所以就可以避免地方官员因为土地、权力而发生战争。而且皇帝直接任免官吏，使权力全部集中到皇帝手中。

秦始皇只是将郡县制作为全国政治体制改革的重要一步——行政改革，推行下去。

秦王嬴政三十四年（公元前213年），在咸阳宫中，七十名博士官前来给秦始皇祝寿。博士官首领、仆射周青臣说："以前秦地不过千里，靠陛下神明英武，平定海内，日月所照，莫不宾服。取消诸侯王，设立郡县制，天下太平，人人安乐，也没有战争隐患，这样的政治功绩，完全可以传之万世。自上古以来，三皇五帝，都不及陛下啊。"听到这话，秦始皇非常高兴。

博士是战国就有的官职，掌通古今。秦汉之际，博士的级别跟后来的从七品相当，各级官职都有仆射为其最高长官。周青臣是博士仆射，有学问，通晓古今，但是只会阿谀奉承，缺少名臣气量。

当时，博士官淳于越站出来驳斥说："我听说商王、周王的天下都延续了千年，因为他们分封子弟功臣，作为王朝的枝辅。现在陛下有海内，但子弟都是普通人，朝廷郡县有大臣，而无骨肉血亲，一旦有事，谁来相救？不师法古人而能长久，这种事还不曾听过。周青臣当面奉承陛下，加重陛下的过错，非忠臣所为。"

秦始皇让百官讨论。丞相李斯说："五帝不相复，三代不相袭，政策各有不同，因为时代变了。今陛下开创大业，建立万世功勋，这不是迂腐儒者所能懂的。淳于越说的是三代旧事，哪里值得相仿？"李斯这一通话，由反对分封而起，本来不过是一个政见分歧，结果竟引出中国历史上最著名的文化大灾难——"焚书"，后一年又发生"坑儒"事件。秦始皇采纳了李斯的建议，制曰："可。"书被焚了，从此群臣再不敢提分封这事。

随后，秦始皇设置以三公九卿为核心的官僚制度，其谋略目的在于，既强化皇帝的绝对独裁地位，又保证国家的行政效率。在秦始皇之前，秦国的丞相权力很大，几乎包揽了行政、军事、监察、司法等各项大权，魏冉、吕不韦都是这样。

《韩非子》仔细讨论过大臣权力过重而威胁君主安全的道理，秦始皇读了他的书，肯定受到启发，所以他把相权一分为三，丞相管行政，太尉掌军事，御史大夫掌监察，三者独立，互不统属。虽然名义上御史大夫是丞相的副手，但权力很大，负责监察包括丞相在内的所有官员和百姓，地位基本上与丞相平等。后世把丞相、太尉、御史大夫称为三公。

三公以下，有所谓的九卿。他们分别是：

奉常，掌祭祀与礼仪。

宗正，掌皇室成员的各种事务。

太仆，掌皇帝车马及交通。

廷尉，掌国家司法工作。

少府，掌皇室收支与皇家用品制造。

郎中令，掌皇帝侍从及宫殿门户。

卫尉，掌宫门警卫。

典客，掌少数民族及外交事务。

治粟内史，掌国家财政与税收。

此外还设博士官，多达七十人，便于皇帝随时咨询。皇帝在第一层，三公在第二层，九卿在第三层，构成一个权力金字塔。

郡县也各有主事官吏。官吏的俸禄分别为1万石、2000石、800石、600石、400石、200石、100石不等。1万石、2000石是高级官品，与三公九卿及郡守相应，县令一般600石。

整个社会可分为皇帝、官僚、百姓（黔首）三个等级。由于官吏掌握着各种特权，做官就成为古代中国最普遍的人生追求。

郡县制是一个伟大的创举，后世统治者的行政管理体制都是在这个框架的基础上构建起来的。郡县制为后世帝王提供了治国的样本，同时也将皇权推上了至高无上的位置。"始皇帝"确实开创了一个史无前例却影响千古的政治功绩，这一点是任何一个人都无法否认的。这也是需要大智慧、大勇气才能做出的抉择。新的改革措施提出之时必定会面临旧有势力的阻挠与干预，这是很正常的事。秦始皇嬴政力排众议，需要的不仅是政治眼光，还有政治胆量。

规范度量，统一货币

战国时期，各国的度量衡制度相当混乱，计量单位很不一致。以长度而言，在传世品中被认为属于战国时期的几种铜尺中，洛阳金村铜尺长23.1厘米，安徽寿县楚铜尺长22.5厘米，长沙两件楚铜尺分别为22.7

厘米和22.3厘米。单是这几件铜尺，就明显的长短不一，相差少则0.4厘米，多的竟达0.8厘米。在量制方面，魏以益、斗、斛为单位。齐以升、豆、区、釜、钟为单位，其中姜齐规定："四升为豆，各自其四，以登于釜，釜十则钟。"而陈（田）氏执政及其代齐后，则改为五升为豆，五豆为区，五区为釜，十釜为钟。"陈氏三量，皆登一焉，钟乃大矣。"至于衡制则更为杂乱，连单位名称都有相当大的差别。周以寽为单位，赵以釿、镒为单位，楚的衡器为天平砝码，以铢、两、斤为单位。根据楚墓出土的砝码实测，楚制一斤的平均值为260.798克。但现存楚制一斤砝码的实际重量低于此值。

度量衡既是商品交换的必需工具，又和国家的赋税收入有着直接的关系。为了正常地进行这些活动，避免经济混乱，保证劳动群众如数缴纳赋税，秦在商鞅变法时，就实行过"平斗桶（斛）权衡丈尺"的政策。传世的商鞅量（现藏上海博物馆），就是由商鞅颁发到重泉地方的标准升。由他监制和颁发的这种方升的容积，为十六又五分之一立方寸。这是法定的标准容量，它不仅适用于重泉，而且是可以通行于秦国各地的。继商鞅之后，直到战国末年，秦还多次采取过"一度量，平权衡，正钧石，齐斗桶"的措施。长期以来，由于秦国实行统一度量衡政策，度量衡器比较一致，因而统一六国后，秦始皇便以秦制为基础，下诏统一全国度量衡。

秦代统一度量衡制的推行，取得过明显的成效。据考古发现，陕西的西安、咸阳、礼泉、宝鸡，甘肃的泰安，江苏的盱眙，山东的邹县、诸城，山西的左云、右玉，都先后出土过秦代的标准衡器或量器，连内蒙古赤峰、奈曼旗也发现了秦代瓦量。这说明，秦代这一制度确是在全国范围内实施了的。

度量衡方便了秦国民众的经济生活，也方便了国家征收国税。这既达到了便捷于民的目的，也达到了有效管理的目的，可谓一举两得。而始皇帝所实行的这些措施，更深远的意义是它为后世提供了统一的计量单位，省却了很多麻烦。

秦自惠文王二年（公元前336年）"初行钱"以后，就由国家统一铸币。但在魏、赵、韩、齐等国，除国家铸币外，地方及一些大城市也可以独自铸币，甚至还能铸出地名。由于诸侯割据，各国货币制度殊为不一，因而货币的形状、大小、轻重、使用价值以及计算单位，往往各不相同。仅就形制而言，即可分为以下四类：

一、布币，形似农具中铲形的镈，由于"镈"、"布"同音，所以则做布币，主要流通于魏、赵、韩。这种布币又有空首布、平首布等多种。

二、刀币，形状像刀，主要流行于齐、燕、赵三国。齐刀较大而多尖头，燕、赵刀较小而多方头或圆头。

三、圆钱，形圆，中有孔，分方孔和圆孔两种。主要流行于秦、东周、西周以及赵、魏沿河地区。秦圆钱不铸地名，仅铸币值单位。东周、西周圆钱则铸有"东周"、"西周"字样。

四、郢爰和铜贝，只流行于楚国。郢爰是一种铸有"郢爰"、"陈爰"等印文的金饼；铜贝作为郢爰等的辅币，形似海贝，俗称"蚁鼻钱"。

币制的混乱，不利于商品交换，更不利于统一国家的财政收支和社会管理。因此，秦灭六国后，始皇下令统一全国货币，主要措施有三。

一、由国家统一铸钱，并把秦传统的严禁地方和私人铸钱的法令，推行到统一后的全国。秦律明文规定：凡私自"盗铸"者，除"索其室"，没收其所铸之钱及钱范外，还应予以拘捕和严惩。

二、法定全国通行两种货币：一为黄金，属上币，以镒为名，每镒二十两；一为铜钱，属下币，圆形，方孔，有郭，径寸二分，铸文"半两"，这就是通称的"秦半两"。

三、废除原六国的布币、刀币、郢爰、铜贝等各种货币，改铸秦以前的旧币，不准以龟贝、珠玉、银锡之类充当货币。

秦始皇采取的货币改革收到了立竿见影的成效，从战国时期延续下来的货币混乱局面得到了有效的控制。改革后，秦钱遍行于全国，有利于商品经济的发展和国家的统一。此后，钱的形制也保持着类似"秦半两"的圆形方孔模式，它成为封建社会时期主要的货币形态。秦统一货币对后世影响之深远，由此可见一斑。

改革文字，功在千秋

甲骨文产生之后，经过长期的发展，至春秋战国时代，每个诸侯国在沿用周朝旧有文字的同时，都对其进行了一些演化和拓展。有些东西是周朝没有的，但战国时出现了，新出来的东西就要被重新命名，文字也同当时的社会一样在变化，以致出现了"言语异声，文字异形"的局面。当时，同一个字，不同的国家往往有不同的写法。甚至在一国之内，写法也不尽相同。这不仅妨碍了文化的发展，更重要的是会给初建的秦王朝的各种文书、档案的书写、阅览和传播造成巨大的困难。

六国统一后，原有六国文字的差异化严重影响了政令的下达和百姓的文化交流。比如在咸阳下达的文书，到了桂林就没人能看懂了。看不懂又不能凭空臆断，便要找能认识这些字的人来看，于是政令就要延误，这是相对做官的来说；对于寻常百姓也是如此，城头贴上告示，因为没人或极少数人看得懂，告示也就成了一张废纸；对于读书人也是如此，战国是百家争鸣的时代，各种文献对读书人有着很大的吸引力，因为战国末年文字的差异化比较严重，使得读书人学习起来比较吃力，要经过请教、推测、辨别才能知道字面的意思，这样就造成了文化交流的障碍。

政令的不畅通和文化交流的不便，使得秦王嬴政意识到文字统一的重要性。于是，秦王嬴政下令"书同文"，也就是说，文书、典籍的书写要用统一的文字。这样一来，行政文书就有了一致的规范文字，官员们一次性学习，终身便利。百姓们也可以正确理解上面的意思，读书人再看典籍时，也就不必那么麻烦。那么，始皇帝又是怎样统一文字的呢？

当时，秦始皇接受李斯的建议，立即采取了"书同文字"的措施，主要是：一、以秦字为基础，废除与"秦文"不同的原六国的异体字；二、简化字形，斟酌简省繁杂的史籀大篆，整理为小篆，作为全国规范化的文字；三、为推广小篆，命李斯、赵高、胡毋敬分别撰《仓颉》、《爱历》、《博学》三篇，并用小篆写成，作为文字范本。小篆的形成，是一项"有意识地对于几千年以来文字自然发展的一个总结"。

还有一种现象是，秦始皇统一中国后，曾五次遍访全国，在各地树立了大量的碑文，流传到今天的临本或摹本有泰山、峄山、芝罘、琅琊台、会稽等地的刻石，在泰山刻石中还有留存至今的实物，这些刻石文字均为小篆。刻石是始皇帝在走访全国时，格外注意的一件事，他想要他的丰功伟绩广为人知，他要让自己名垂千古，不被历史风干。石头是那个年月能够保存时间最长的载体，于是他用小篆写下丰碑。刻石摹本随同小篆流传到了今天。

除法定的小篆外，在社会上还流行着一种更为简易的隶书。大抵这种"草篆"起初主要由狱吏用之于徒隶，故名隶书。由于隶书笔划平正，结构趋于合理，便于书写辨认，因此在社会上广为传播，并成为全国常用的通行字体。秦始皇关于统一度量衡的诏版，使用的也是"草篆"或"古隶"。而包括秦律和重要文书《语书》在内的睡虎地秦墓竹简，更是"全为墨书隶体"了。有人猜想隶书作为一种民间流传的字体而存在，实际上是不可能的，既然始皇帝下令要统一文字，那么，他在一定时期内就不允许其他文字出现。

另外一种可能是，嬴政将小篆定为国文的政策没有执行下去，半路夭折了。这是有可能的。中国文字的演变大致经历了：甲骨文、大篆、小篆、隶书等。甲骨文在殷商时期使用；大篆在周时使用；而隶书则在汉朝时风行。这几种字体中，大篆是使用较为混乱的书体，各诸侯国由大篆变化而来的字体，有的很简化，有的更为复杂。秦国的小篆在当时算不上是简单的文字，但是为了摆出王者的姿态，文字，这种面子上的东西是不能迁就于其他六国的，于是秦始皇就决定用秦国自己的小篆。但是，始皇帝和李斯都忘了一点，这就是文字的实用性。缺乏实用价值的小篆，在日常的应用中，越来越显现出它的力不从心。六国本有比较简单的文字，那些用惯了简易文字的人，自然对小篆反感。所以，小篆在推广过程中渐渐被简化，形成了后来的隶书。

秦简中的隶书很有可能是人们在书写小篆过程中互相借鉴而形成的简化文字。而这些简化文字也没有引起嬴政的不满，嬴政心里应该很清楚：秦国的文字不是最简单、易懂的。他定小篆为国文只是向天下要一个面子，展现大秦帝国的威仪，从而显示自己的功绩。况且隶书的书写并没有完全破坏小篆的字形，且确实比原来的文字方便。只要不危及自己的皇权和统治，很多东西嬴政还是可以放松的。那么隶书是由谁发明的呢？史书上记载，是始皇帝时期的程邈。程邈又是什么人呢？

相传，程邈曾做过秦朝的县狱吏，负责文书一类的差事，相当于如今的秘书。他个性耿直，得罪了始皇帝，被始皇帝关进了云阳大狱。程邈终日无所事事，感叹光阴的流逝，他希望能做出一些事情来为自己赎罪，即使不能减刑也可以打发时间。但是在狱中做什么好呢？当时，始皇帝正兴致勃勃地推行着他的"书同文"的小篆。政务多、文书多，狱吏有时忙不过来，就叫程邈帮一些忙，因为程邈做过狱吏对于狱吏文书较为熟悉，做起来也得心应手。程邈在书写文书过程中，注意到了小篆难于书写的这一特点，于是想到了要简化文字，接着就动起手来。如果文字可以简化，不仅能减轻始皇帝批阅奏疏、下达诏令的负担，还可以让天下人提高工作效率，最重要的是可能减免自己的罪过。

程邈托人搜集民间的各种书体，静下心来仔细研究，一个个改进，经过研究和整理，终于演化出了三千个既便于识别、又便于书写的隶书。他将这一成果呈献给始皇帝，嬴政本来就是一个工作狂，天天要完成大量的工作，他每次批示的文书要用石来计算。那时候没有纸，只有竹简，竹简摞在一起，有一人多高。嬴政经常是通宵达旦地看文书，下诏令。繁重的工作也让他希望有一种可以看起来容易、写起来便利的文字。当程邈把他的成果交给嬴政时，嬴政拍案叫绝，不仅赦免了程邈的罪，还封他做了御史，这在秦朝可是顶大的官了。因为在简化篆文时，程邈的职位只是个"隶"，所以人们称之"隶书"。

不管这一传说是不是真实的，由一个人创造文字的说法都是不科学的。文字与历史一样都不是一个人创造的，它是所有人智慧与实践的结晶，没人也不可能有人能独占这份荣耀。隶书是在经过众多文字使用者总结、简化的基础上演化而成的。否则，它不会为太多的人所接受，也就无法发挥它应有的功效。《汉书·艺文志》说："是时始建隶书矣，起于官狱多事，苟趋省易，施之于徒隶也。"这也说明，隶书不可能是程邈一人的发明，但他在群众创造的基础上加以整理，得到秦始皇的认可和采用，则是可能的。

不管怎么样，秦始皇统一文字，对于扩大文化交流有着不可磨灭的功绩。他主观上所希望的政令通畅，在客观上促进了思想的统一和文化交流。不管嬴政是用哪种字体做国文，这种统一的文字，都将发挥它不可替代的作用。虽然，秦朝存续的时间并不长，小篆也好，隶书也罢，都没有对秦朝的发展产生深远影响，但是始皇帝统一文字的构想和做法却为历代皇朝所借鉴。这是始皇帝嬴政又一个功在当世、利在千秋的为政之道。从此，汉字的字形结构基本定型，而秦代以前的"古文"则"由此绝矣"。

奴役思想，焚书坑儒

为了提高皇权，维护秦王朝的政治体制及其统治秩序，在文化意识领域，秦始皇也采取了加强思想控制，反对是古非今，打击异己势力的严厉措施，其中最主要的就是史籍经常提到的焚书坑儒。

秦王嬴政三十四年（公元前213年），在咸阳宫中，朝臣激烈争论分封制和郡县制。当时已经是廷尉的李斯，为了迎合秦始皇，提出"诸生不师今而学古，以非当世，惑乱黔首"；而私学又"相与非法教，人闻令下，则各以其学议之，入则心非，出则巷议"，哗众取宠，"造谤"生事。如不加以禁止，其结果必然是"主势降乎上，党与成乎下"。因此，李斯建议禁止私学，规定"若欲有学法令，以吏为师"；还建议焚烧《诗》、《书》，提出："史官非《秦记》皆烧之；非博士官所职，天下敢有藏《诗》、《书》、百家语者，悉诣守、尉杂烧之；有敢偶语

《诗》、《书》者弃市；以古非今者族。吏见知不举者与同罪。令下三十日不烧，黥为城旦；所不去者，医药卜筮种树之书。"

根据李斯的这一建议，当时只有《秦记》和博士官所藏《诗》、《书》、百家语，以及医药、卜筮、种植之书可以保存，其余的各种书籍，特别是诸侯国的史籍和儒家一些著作，均在焚烧之列。本来，焚书是秦很早就实行过的政策。商鞅变法时就曾"燔《诗》、《书》而明法令"，所以秦始皇一听到李斯的建议，就表示认可，并随即付诸实施。于是，一次全国范围的焚书事件发生了。

第二年，也就是秦王嬴政三十五年（公元前212年），又发生了一起坑儒生的事件。这件事是由几个方士的畏罪逃亡引起的。原来，秦始皇十分迷信方术和方术之士，以为他们可以为自己找到神仙真人，求得长生不老之药。他甚至宣称："吾慕真人，自谓'真人'，不称'朕'。"而一些方士，如侯生、卢生之徒，就投其所好，极力诳称自己与神相通，可得奇药妙方。但时间一长，他们的许诺和种种奇谈总是毫无效果，骗局即将戳穿。而秦法规定："不得兼方，不验，辄死。"因此，侯生、卢生密谋逃亡，在逃亡之前，还说秦始皇"刚戾自用"，"专任狱吏"，"贪于权势"，未可为之求仙药。秦始皇知道后大怒说："卢生等吾尊赐之甚厚，今乃诽谤我，以重吾不德也。诸生在咸阳者，吾使人廉问，或为妖言以乱黔首。"于是使御史审讯在咸阳的全部方士与儒生。诸生牵连告发，结果查出犯禁者四百六十余人，全部坑杀于咸阳。同时还谪迁了一批人至北方边地。事情发生后，始皇长子扶苏进谏道："天下初定，远方黔首未集，诸生皆诵法孔子，今上皆重法绳之，臣恐天下不安，唯上察之。"始皇不仅怒而不听，还使扶苏离开咸阳，北监蒙恬于上郡。

秦始皇焚书坑儒，意在维护统一的集权政治，反对是古非今，打击方士荒诞不经的怪谈异说，但并未收到预期的效果。这一点和秦始皇采用的其他措施有所不同，是秦始皇、李斯所始料不及的。

修筑官道，巡行各地

在秦代统一国家形成过程中，秦始皇为了加强对全国各地的控制，实行有效的行政管理，便于巡游督察、传递号令文书，曾主持修筑了著名的驰道和直道。

驰道始修于秦王朝建立后的第二年。《史记·秦始皇本纪》云：始皇二十七年（公元前220年），"治驰道"。《史记·集解》引应劭曰："驰道，天子道也，道若今之中道然。"实际上，这种驰骋车马的通道，中央供天子行驶，立树为界，两旁还是可任人行走的。汉贾山《至言》写道："（秦）为驰道于天下，东穷燕、齐，南极吴、楚，江湖之上，濒海之观毕至。道广五十步，三丈而树，厚筑其外，隐以金椎，树以青松。"贾山，汉初文帝时人，离秦不远，所言驰道事应是可信的。秦驰道以国都咸阳为中心，东达今山东、河北和辽宁，南抵今湖北、湖南，东南至今安徽、江苏和浙江。而且路面极为宽阔，路基高厚，又以铁锤（金椎）夯筑得坚实平稳，还在道旁栽种了树木。在2000多年前，就能修筑如此宏伟的交通工程，实令人惊叹！

秦王嬴政三十五年（公元前212年），始皇又令蒙恬等修筑了从咸阳附近直通北边的"直道"。大史学家司马迁曾亲自考察并走过这条"直道"的全程，所以他在《史记》里写道："三十五年，除道，道九原，抵云阳，堑山堙谷，直通之。"

九原，即九原郡治所九原县，在今内蒙古包头市西。云阳在今陕西淳化县境，有甘泉山，以泉水甘美得名。附近古时风景秀丽，为天然避暑胜地，故秦曾在此建林光宫，汉亦建甘泉宫。

关于直道的路线和途经地，史籍记载不详。秦直道"堑山堙谷"，穿过沙漠草原，全长一千八百里，合今约七百公里。这条重要通道的修筑，对于防御匈奴的南下侵扰，密切北边与内地的经济文化交流与政治联系，有着重要的战略价值。

在修筑驰道、直道过程中，秦始皇出于炫耀威德、慑服四方的需要，曾先后五次巡行各地。

第一次巡行陇西、北地在秦王嬴政二十七年（公元前220年），即兼并六国的次年，始皇便马不停蹄地首次出巡，西至陇西（今甘肃临洮）、北地（今甘肃庆阳西南），出鸡头山（今六盘山），过回中（今陕西陇县西北）。陇西、北地两郡，在今宁夏和甘肃东部，原是西戎族游牧区域，属秦的西部边陲。始皇到这一带巡视，显然是为了督察边防，解除后顾之忧。

第二次巡行东南齐、楚故地在治驰道的次年，也就是秦王嬴政二十八年（公元前219年）。这次他把视线投向东方和南方的齐、楚故地，开始了第二次巡行。随行文武大臣，有列侯武城侯王离、列侯通武侯王贲、伦侯建成侯赵亥、伦侯昌武侯成、伦侯武信侯冯毋择、丞相隗林、丞相王绾、卿李斯、卿王戊、五大夫赵婴、五大夫杨樛等。这帮人簇拥着秦始皇，浩浩荡荡地从咸阳出发，沿着渭河南岸的驰道东行，过函谷关（今陕西灵宝东北），经洛阳、定陶（今山东定陶），直抵邹县峄山（今山东邹县南），并在这里"立石，与鲁诸儒生议，刻石颂秦德"。

秦始皇这次出巡，既是为"东抚东土"，也是为了封祀于泰山。

秦始皇封禅之后，随即过黄（今山东黄县东南）、腄（今山东福山东南），穷成山（今山东成山角），登芝罘（今山东芝罘半岛），立石颂秦德，然后南行至琅邪（今山东胶南县境）。秦始皇在琅邪停留了三个月，还在这里修琅邪台，"徙黔首三万户琅邪台下，复十二岁"。又立石刻于台上，宣称："六合之内，皇帝之土。西涉流沙，南尽北户。东有东海，北过大夏。人迹所至，无不臣者。"《琅邪台刻石》明显反映了当时秦始皇踌躇满志、悠然"自得"的情趣。这时，适逢齐人徐市等上书，言海中有蓬莱、方丈、瀛洲三神山，有仙人居其上，请与童男女以求之。始皇于是遣徐市发童男女数千人，入海求仙人。随后，秦始皇便南下进入楚故地。

秦灭楚后，楚地一直潜藏着相当强大的反秦势力。故镇服楚地，是秦始皇这次出巡的重要目的之一。始皇过彭城（今江苏徐州）时，因传闻象征天子权力的周鼎沉于泗水，乃使千人入水打捞，结果无所得。于是西南渡淮水，抵衡山（今湖北黄冈北）。

再乘船沿江而下，至湘山（今洞庭湖君山）。途中遇大风，"几不得渡"。始皇听说湘君神为尧之女、舜之妻，大怒，竟使刑徒三千人"皆伐湘山树，赭其山"。然后便至南郡（今湖北江陵），取道南阳、武关（今陕西丹凤县东南）而归咸阳。

第三次巡行芝罘、恒山和上党在秦王嬴政二十九年（公元前218年），"时在中春，阳和方起"。

当车驾出函谷关，行至阳武博浪沙（今河南中牟北）时，突然遭到了张良等人的击杀。张良出身于原韩国公族，其祖父、父亲曾相韩王五世。秦灭韩时，张良虽年少"未宦事韩"，但为了报亡国之仇，乃"弟死不葬"，并不惜倾其全部家财"求客刺秦王"。后果得一力士，又准备了重一百二十斤的大铁锥。然后张良便与力士在博浪沙中袭击秦始皇，"误中副车"，始皇大怒，下令大索天下十日，张良更换姓名后逃走。

秦始皇在博浪沙"为盗所惊"之后，仍继续东进。他先到芝罘，补刻了上一年所立之石，旋即赴琅邪，然后北上至恒山（今河北石家庄市东北），转上党（今山西长治市西南）后回咸阳。

第四次巡行碣石和北边在秦王嬴政三十二年（公元前215年）。巡行的第一个目的地是碣石（今河北昌黎县境内）。他北渡黄河，走过韩、魏、赵、燕故地，目睹往日遗留下来的城郭、关塞和川防，深感这些陈旧的防御设施，不仅妨碍了交通和社会生产生活，而且很可能为各种反秦势力所利用。为此，始皇下令"坏城郭，决通堤防"。

第
七
章

内
修
国
政
，
强
化
集
权

《碣石刻石》所说"堕坏城郭，决通川防，夷去险阻"，就是这一重要措施的最早记载。

秦始皇至碣石后，曾使燕人卢生求访古仙人，又遣韩终、侯公、石生求仙人不死之药。不久，他便北巡北边。这次"巡北边"的具体地点，史载不详。始皇此行的意图主要是为了加强边防，作北击匈奴的战略准备。所以当他从上郡（今陕西榆林东南）返回咸阳之后，很快就遣蒙恬发兵三十万，开始了对匈奴的战争。

继第四次出巡之后，还于三十七年（公元前210年）进行了第五次也是最后一次巡行。在这次的巡行当中，秦始皇病逝。

第八章
外服蛮夷，开拓疆土

秦始皇虽然已经统一六国，然而，很多地方依然有反秦势力，不仅如此，北方的匈奴和南方的百越更是威胁国家安定的大患。于是，为了开拓疆土，巩固边防，秦始皇又开始了北击匈奴、平定百越的战争。同时，还修筑了长城阻击匈奴南下。这些举措，对于民族的统一起到了巨大的作用。

击退匈奴，威震北方

　　匈奴骑马善射，战斗力强，从战国中期开始，在将近百年的时间里，匈奴各部由零散而聚集，逐渐成为中原北方的劲敌。他们是在中原忙于战乱的时候强大起来的。赵国最先感受到其压力，但因为有赵武灵王和李牧，匈奴才不敢过分南下。

　　在秦始皇扫荡六国的时期，匈奴部落出现了一位英雄，名字叫头曼单于。他率先统一匈奴各部，使匈奴成为与东胡、月氏齐名的草原民族。

　　随着形式的变化，赵武灵王开始向草原民族学习胡服骑射，向西、向北发展，设置云中郡、雁门郡、代郡，实际控有河套地区。秦国日益攻伐三晋，由蚕食而为鲸吞，秦、赵无暇顾及边备，匈奴便开始越过阴山，止于黄河北岸。到秦国吞并赵国，全力攻取魏、燕、楚、齐四国的时期，边防趋于空虚。匈奴大胆渡过黄河，势力已达鄂尔多斯高原，还时常劫掠秦国边地。

　　从秦王嬴政十一年（公元前237年）第一次伐赵算起，到秦王嬴政三十三年（公元前215年）蒙恬出兵击匈奴的二十二年里，头曼单于领导匈奴各部，骑兵不少于二十万。蒙恬打败头曼单于，匈奴再次退到阴山以北。

秦始皇统一中国，定都咸阳之后，真正能控制的地区，也仅大概是今日陕西榆林往北的一些地方。再往北的毛乌素沙地至黄河南岸的广大区域，只是在名义上属于秦国版图。更多的时候，它是匈奴的游牧区和劫掠区，或者可以叫做两国的中间地带。而靠近黄河西北拐弯处的大片土地，当时叫河南地，是匈奴的实际控制区。这就是《史记·秦始皇本纪》说的"北据河为塞"的实际情况。这块中间地带的最南端距咸阳四五百公里，中间隔着陕北高原，基本上没有险峻隘口。以匈奴骑兵的脚程，不过十天，可以抵达城下，严重威胁咸阳及关中的安全。赵武灵王当年设想的直袭咸阳的大谋略，也在这个方向上。此时的匈奴，已是最强劲的对手。关中乃国家根本，此时却被匈奴威胁。如何巩固边防，保障帝国安全，是当时迫切需要解决的问题。

秦王嬴政十八年（公元前229年），赵国灭亡，秦始皇去了邯郸。九年之后，也就是吞并六国的第二年，秦始皇巡视陇西郡、北地郡。这两次巡行离边境还远，目的虽不是为了巡查边防，但多少了解到一些情况，对匈奴有一个认识。秦王嬴政三十二年（公元前215年），秦始皇到碣石观海，然后沿北部边境返回咸阳。

这次的巡视和考察回来之后，秦始皇君臣就开始对是否出兵匈奴展开了一场争论。跟秦始皇保持高度一致的李斯，这回也坚决反对出兵。就在议而未决时，寻访神仙的卢生回来了。这个人貌似儒生，其实是一个方士，并且心术不正。他找不到神仙，一路盘算着，该如何回来

219

第八章 外服蛮夷，开拓疆土

交差。回到咸阳，听说朝廷在争论匈奴的事，灵机一动，想出一个鬼点子。他编造了一本有关神仙鬼怪的奇书，加入"亡秦者胡也"这句话，进呈给秦始皇。这就是《史记》写的："燕人卢生使人海还，以鬼神事，因奏录图书，曰'亡秦者胡也'。"由于此时的秦始皇对江湖方术非常相信，而且国家大事莫过于政权安危，李斯不敢再多说话。于是，秦始皇派蒙恬发兵三十万，北击匈奴，略取河南地。

事实上，卢生炮制出"亡秦者胡也"这个谶语，目的是想让秦始皇把注意力转移到打击匈奴上去，而不追究神仙事。当时，像秦始皇这种发奋作为、自负刚毅的君王，在对内外形势还保持着高度清醒判断的时候，绝对不愿意听到有人说"亡秦者胡也"。当他听到这样的话时，必然对匈奴产生警觉。当然，他也不会在没有任何准备的情况下，就派出三十万人马去打仗。北击匈奴、开拓边疆毕竟是一项壮举。在这项壮举中，卢生利用了人性的弱点与谶语的神秘形式，巧妙制造混乱，成功转移了秦始皇的视线。这也是蒙恬北击匈奴的起因。

在这个过程中，秦国大将蒙恬为秦的开疆大业立下了旷世功勋。头曼单于率领的匈奴骑兵多在黄河以北活动，河南地的匈奴部落分散而居，形不成战斗力，但他们有精良的骑乘技术，有无数骏马。如何压制其流动性，做彻底之打击，一战即胜，而不是四处追逐，这是对匈奴作战的谋略关键。蒙恬经营边防六年，对匈奴多有了解，针对河南地的实际情况，设计了东西分进、南北包抄、断敌归路的大规模穿插、流动攻击战术。

秦王嬴政三十二年（公元前215年）初秋，草原变黄，马儿肥壮，蒙恬率主力从今日陕西榆林出发，于河套东部由南而北，迅速攻击至黄河岸边，截断敌人归路。另一部秦军从北地郡和陇西郡出发，由西而东，攻击河套南部。匈奴全无准备，在南北两路秦军的包抄之下，损失大半，残部由西北渡河而去。秦军将匈奴部落扫荡殆尽，完全收复河南地，在黄河南岸过冬。

来年春夏，秦军再度发起攻击。这一次的谋略目的是把匈奴全部逐出阴山地区，恢复赵国故地，使匈奴不得越阴山而牧马。蒙恬从榆中（今属甘肃）沿黄河至阴山构筑城塞，连接秦、赵、燕五千余里旧长城，据阳山（今阴山之北）逶迤而北，并修筑北起九原、南至云阳的直道，构成了北方漫长的防御线。此后，蒙恬率主力渡过黄河，先打高阙（今内蒙古杭锦后旗，阴山山脉横贯内蒙古中部，在此中断成谷，望之若阙，故叫高阙），再占狼山。另一部渡河西进，攻取贺兰山。西北方向的山地都控制在秦军手中，后路安全有了保障，可放手与匈奴决战。

头曼单于一开始就陷于劣势，加上各部还没彻底统一，无法快速地大规模集结部队，在秦军的猛烈攻击下，节节败退。头曼单于迫于蒙恬的压力，东西又有强敌东胡和月氏，只好撤出阴山，向北逃逸，奔回漠南。秦军顺势追击，尽复赵国故地。这一战，蒙恬大军威震匈奴，使得阴山南北十余年，不见匈奴踪迹。

修筑长城，阻止匈奴

蒙恬的大军虽然已经让匈奴军元气大伤，但是匈奴本就是游牧民族，所以一旦有机可乘，还会再次骚扰边防地区。对于这些，秦朝君臣都很清楚。如何使得边防地区不再受威胁，如何使得咸阳不受威胁，成为秦始皇需要谋划的又一个大问题，这也是北击匈奴的后续。这个谋略的一部分就是修筑长城，当然还包括修筑直道等工程。

说起修筑长城，还需要追溯一下历史。从战国中期开始，中原兼并战争日益加剧，游牧民族南下侵扰也日益频繁。秦、赵、燕三国无法两面兼顾，于是各筑边墙，防备这些骑马的人。秦筑边墙始于秦惠文王，成于秦昭襄王，西起临洮（今甘肃岷县），越六盘山、宁夏固原、陕西环县、榆林、神木，一直向北延伸，在内蒙古十二连城乡与黄河南岸相接。赵国边墙始于赵武灵王，筑有阴山南北两道。燕国边墙，西起内蒙古的化德与商都县之间，经辽东到达今日朝鲜清川江入海口，绵延一千六百公里，后来被称为长城。到了秦始皇时期，秦始皇打算先服南越，再击匈奴，蒙恬的职责是侦察敌情、修缮边墙、训练军队，为打击匈奴做准备。此时所修边墙，主要是秦国边墙，即使有新筑，也不多，与后来大规模修筑长城不同。

修筑长城主要分为三个阶段。

第一段长城是在秦王嬴政三十三年（公元前214年）春天开始修筑的，这也是秦朝大规模修筑长城的开端。这一段长城全长一千公里，西起临洮（今甘肃岷县），沿洮河与黄河相依，再凭黄河东岸向北发展，一直到达黄河几字形的顶端，在河套地区与赵国所筑阴山南长城相接，大都借助黄河的自然天堑，沿河筑四十四城，差不多二十公里一城，加强河塞防御，即史书说的"城河上为塞"。估计还有若干烽隧，工程量似乎谈不上巨大。修这一段长城用了多长时间，现在无法知道。

第二段长城从高阙往西南延伸，直至与流沙相连，从遗迹看，已经到达宁夏北境。流沙就是今日巴丹吉林沙漠、腾格里沙漠、乌兰布和沙漠的总称，当时的面积应该没有现在这么大。这一段总长四百公里，以亭障为主，很像今天的据点式工事，而不是绵延的墙体。障就是戍堡，有围墙，只驻军，不住民。这里所说的亭就是瞭望哨，常与烽火台并用，大都设在高处，相隔十里。高阙以东，主要是利用赵国的北长城，做了大量修复工作。这一段长城逶迤于群山之中，匈奴占据数十年，破坏严重，即使修复，工程量也不小。

第三段长城就是赵长城与燕长城的连接段，从内蒙古卓资、集宁（今乌兰察布）一带往东，穿过兴和县北端，在河北围场县北部，与燕长城相连。这一段长四百余公里，为厚实边墙，当是蒙恬新筑。秦始皇长城的东段，基本沿用燕国旧长城，蒙恬只做了若干修复。而燕长城的

秦长城遗址

辽东段，即从辽宁阜新起，一直到朝鲜清川江入海口，似乎未加利用。考古发现证实，燕长城东段沿线出土的遗物，全是燕国与汉代特征，没有秦文化特征。换言之，蒙恬打败匈奴之后，威名远播，北方民族不敢来骚扰，所以辽东段长城就没有利用。

　　秦始皇时期长城的西段，可以黄河为界，分为内、外两道。内长城在黄河内侧，以新筑四十四城加赵国南长城为主体，起至临洮，沿洮河与黄河相接，然后沿黄河内侧北上（即蒙恬收复河南地以后，沿黄河内侧修筑的部分），在今内蒙古乌拉特前旗穿出黄河，与赵国南长城相连，一直延长到呼和浩特以东。外长城在黄河外侧，即蒙恬修筑的第二段长城，起自宁夏北境（也许起点就是贺兰山），在黄河外侧穿过乌兰布和沙漠，走在狼山之巅，在高阙塞与赵国北长城相连，再依阴山而东，到达呼和浩特北部时，与内长城合拢，继续东去，就与蒙恬所筑的第三段长城连接起来，最终在河北围场县以北，与燕长城相连，构成一个整体。

　　内、外两道长城与秦国原来所筑而经蒙恬修缮的旧长城一起，构成保卫关中的三道防线。但自内、外长城筑成之后，秦国旧长城已经失去价值，所以到汉武帝时就弃置不用了。因此，在说及秦始皇长城时，与其说西段有三道，不如说有内、外两道，也许更符合当时的情况。不过，在西汉初年，冒顿单于建立匈奴帝国以后，再次南下，秦国旧长城还是发挥了作用。但是，今天能看到的秦始皇长城已经很少。

蒙恬用了四年的时间修建了一条一万多里的长城，名义上号称万里，其实是在充分利用赵、燕旧长城的基础上，适当增筑三段新墙，而构成一道绵延万里的新长城。增筑的三段新墙，其中一千公里以新筑四十四城及烽隧为主体（黄河内侧），另四百公里以亭障烽燧为主体（黄河外侧至流沙），完整增筑的厚实新墙只有四百公里（赵、燕旧城连接段），三段加起来，总长约一千八百公里，与"万里"相去甚远。修完长城之后，蒙恬依然率领他的三十万大军驻守边地，保卫着大秦的江山。这座长城，有力地防御了当时北方"胡人"的进攻。但同时，也在一定程度上阻碍了民族的融合。

相传，一部分蒙古族人的祖先就是"胡人"，长城阻断了这部分蒙古人与中原民族的交流，对民族的交往产生了不利影响。这些影响在后世才渐渐显出它的弊端，而当时的大秦王朝还为它的防御功能和雄伟壮阔而沾沾自喜。更没想到的是，就是这样一条举世无双的长城，为秦王朝的灭亡埋下了伏笔。长城的修建要动用大量的人力、物力，这些人力、物力都是从民间征用，在当时，但凡男丁，有了劳动能力都要被征用当民夫修筑长城，而那些囚犯的命运更悲惨。

在蒙恬修筑长城期间，曾经有民歌这样唱道：生了男丁不要养，生了女孩捧在掌。长城的修建给秦朝的百姓带来了沉重的负担，男人筑城、女人交赋，没有清闲的生活。正是修建长城的劳民伤财才，进一步激化了秦百姓的反抗情绪。对于统治者而言，只有百姓安定才会有力量去抵抗外来侵略，而统治者最应该做的就是聚拢人心。但是，秦始皇却没有做好这一点。所以，长城的修筑并没有保住他的万世江山。

长城修成了，但是在它的身下掩埋着多少尸体？长城被始皇帝视为大秦的骄傲，却被秦国百姓视为罪大恶极的暴政。在修筑长城的过程中，还有很多的故事流传至今，其中最著名的就是有关孟姜女的传说。

自始皇帝下令修建长城之后，官府到处征用民工，发往长城。被抓去的人，没日没夜地干活，不知累死了多少人。苏州城内有个书生叫杞梁，为了逃避官府的征用，四处躲藏。一天，他躲进了孟家的花园，无意中撞见了孟家的小姐孟姜女，孟姜女与杞梁一见钟情，便把他引荐给自己的父母，孟家两老也很喜欢杞梁，就将自己的女儿许配给他。这本是一桩美满的姻缘。谁知，婚后不到三天，官府就找到了杞梁，将他押往北部边地。临行前，孟姜女与杞梁难分难舍，哭成了一团。孟姜女在家中苦苦等待丈夫归来，时间过去了大半年，可杞梁音信全无。孟姜女急了，天气一天比一天冷，孟姜女想着在遥远北方修建长城的丈夫，很是担心，听说北方很冷，有南方人在北方冻死的传说。孟姜女想到这里，便开始缝制棉衣。棉衣做好后，孟姜女踏上了寻夫之路。

在赶往长城的路上，孟姜女经历了无数的艰难险阻，有几次险些丧了命。但是，就算在最危难的时刻，孟姜女也没有把为丈夫做的棉衣丢掉。终于来到了长城脚下，她四处打探杞梁的消息，却没有一点儿消息。又找了数日，终于找到了一个与杞梁一起做工的役夫。可这个役夫告诉她，杞梁在修长城过程中被累死了，尸体就埋在城墙里。一听到这个噩耗，孟姜女当即晕死过去。醒来后，她悲痛欲绝地大哭起来，哭得天昏地暗，日月无光。就这样孟姜女一直哭个不停，不知哭了多久，只听得轰隆一声巨响，山摇地动，长城坍塌了几十里，露出了数不尽的白骨。这个时候，孟姜女心中祈求：如果自己手指的血渗进哪个尸骨，哪个尸骨就是自己的丈夫的，如果不是丈夫的尸骨就不要渗进去。孟姜女依靠着这个方法找到了杞梁的尸骨，看到丈夫的尸骨，孟姜女非常悲痛。

后来，始皇帝听说有这样的奇女子，就下令将孟姜女带来见他。这一见不要紧，始皇帝立刻被孟姜女迷住了。苏杭的女子有着秀美、小巧的骨骼，俊俏的面庞，以及有别于北方女子的气质。秦始皇想，这样的女子放在自己身边陪伴自己定是人生的一大享受，便逼迫孟姜女做他的妃子。孟姜女拒绝不了，便提出三个条件，如果不答应就不嫁给他，秦始皇满口答应。随后，孟姜女说，首先要为死去的丈夫超度亡魂；其次，要秦始皇率领文武大臣一起哭祭杞梁；葬好杞梁后，孟姜女要游玩山水，三天后才成亲。秦始皇为讨美人欢心只好答应了。当做完这些之后，孟姜女在与嬴政游玩时，大骂了始皇帝一通，便投海自尽。

第八章 外服蛮夷，开拓疆土

孟姜女的故事千百年来被百姓传唱，可以说，大家耳熟能详。其实，这个人物的原型就是距秦二百多年的杞梁妻。公元前550年，齐国大夫杞梁打仗时战死了。仗打完了，齐庄公在回国的路上碰见了杞梁的妻子，齐庄公就想对杞梁进行一番哀悼，但是杞梁妻觉得在野外开追悼会是不合情理的，于是就拒绝了齐庄公的要求。齐庄公只好到杞梁家中进行正式的哀悼。在《礼记·檀弓篇》这部史书里，曾子对杞梁妻在路上恸哭着迎接自己死去丈夫的灵柩的行为大加赞扬，他认为这表现了杞梁妻对丈夫的忠贞情谊。

《礼记》里的杞梁妻与孟姜女是没有任何关系的，两者相差了二百多年，人们借助的只是杞梁妻的"哭"和"殉夫死节"，以此来控诉秦王朝修建长城的不义。杞梁妻的"哭"有着浓郁的悲伤气氛，富有极强的感染力，很容易激起人们的同情和哀叹。孟姜女就是借助这一点来表达人们在修筑长城时所面临的悲哀。而孟姜女的故事之所以出现在秦朝，并迅速地广为流传，是因为修建长城给当时人们所造成的苦难是难以想象的，人们借助孟姜女这个形象将自己对秦帝国暴政的不满表露无遗。

对于修建长城历代褒贬不一，有人认为嬴政建造了中国历史上最伟大的工程，同时也起到了阻止"胡人"侵犯的效果；也有人认为，秦始皇只是为满足自己的虚荣和巩固自己的统治才建造了长城，百姓非但没有得到实在的好处，反而还因此家破人亡。就秦始皇的主观愿望来说，长城确实对阻止"胡人"的侵犯起了一定的作用，但这个作用其实并没有想象中那么大，秦国也没有彻底解决北部边患问题。"胡人"在秦始皇有生之年不敢进犯中原，不仅是因为地形的险要，更重要的是大将蒙恬的守卫。反而，修长城抵御外患形成了恶性循环：在长城上下的功夫越多，人们对抵御外敌的信心就越低，国家耗费的财力、人力越多，军队的战斗能力就越小，长城成了消极防御的代名词。

长城，这座中华历史上最雄伟的建筑，暂时安抚了秦始皇的恋权之心，也暂时让秦始皇心中充满了激动和骄傲之情，但秦始皇所企及的借助长城来保障大秦江山永世长存的愿望却最终落空了。

移民实边，巩固边防

匈奴虽然被打败，北撤七百余里，但其实力并未遭受根本损失，只是人、畜、部落北徙而已，一旦有机可乘，随时可卷土重来。针对这些情况，秦始皇在北击匈奴、巩固边防方面的谋略，除了驱逐匈奴，收复赵国故地和修筑长城，阻止匈奴南下之外，还有移民实边，开发边疆，开筑道路。这些都是驱逐匈奴之后的进一步防御，具有重要的意义。

公元前221年，秦始皇统一全国，完成了中央集权制封建国家的统一大业，势力扩展到刘家峡地区境内。这个时候，边防问题日益显露，而此时的秦始皇也在为巩固统治而制定边疆政策，展开边疆经略。边疆经略是历代王朝对边疆地区的开拓与经营，边疆政策是实施边疆经略的指导方针与具体措施，而治边思想则是制定边疆政策的重要前提之一。

秦始皇在击走匈奴后，命蒙恬主持修筑长城，另开筑直道，驻守重兵。同时，实行"移民实边"，用"拜爵一级"鼓励平民向边疆迁徙，以开发新建各县。

当时，河南地区不仅气候温润，水草丰富，利于游牧和农耕，而且北据黄河，是屏蔽关中的要地，具有重大的战略意义。秦始皇决心把这片土地开发起来，以增强北部边防的实力基础。随后，秦始皇从中原各地向西北所占领的地区移来众多人口，与西羌各族杂居。秦始皇"移民实边"这一创举，为历代王朝所沿用，对后世的影响深远，对开发边疆起了积极的作用。同时大规模移民以充实边郡，对边地的开发和防卫起了积极的作用。

据《史记·秦始皇本纪》记载，秦王嬴政三十二年（公元前215年），秦始皇出巡北边后，就派大将蒙恬率三十万大军北击匈奴，占领河套以南广大地区，并在阴山之下设九原郡，使原来匈奴的南境，归入秦的有效统治范围。为了对这里进行农业开发，秦始皇强力推行移民实边政策。秦王嬴政三十三年（公元前214年），秦始皇向榆中（今陕西榆林县附近）大规模移民一次；秦王嬴政三十六年（公元前211年），又"徙北河、榆中三万家，拜爵一级"。另据《华阳国志·蜀志》记载："临邛西南二百里，本有邛氏，秦始皇徙上郡实之。"

这三次大规模从内地移民到上郡和九原郡，汉族军民带去了中原先进的农业生产技术和进步的生产工具，如铁铲、铁犁、铁劈土及"代田法"、"耦耕"和沟渠的开凿等，使上郡、九原郡的游牧旧地变成了良田。由于这里的农业灌区得到开发，与关中平原和成都平原形成南北三大灌区，农作物的新品种糜子很快享誉全国。两千年前秦代的百科全书《吕氏春秋》就记载着河套的"阳山之穄"和"玄人之禾"、"不周之粟"一样是当时闻名遐迩的"饭之美者"。

在开发边疆方面，秦始皇下令大修城、塞、亭、障，进一步强化边防。击退匈奴以后，秦始皇下令增设两条边防线：一条是沿河因险修筑城塞，据河依城塞为守，以利更好地屏蔽河南和关中；另一条是在高阙、阳山、北假一带，也就是沿整个阴山山脉重新扩筑赵武灵王所建的北长城，用以掩护沿黄河所建的各城塞。这样，使秦代的北部边防向北推移七百余里，关中地区的安全得到了较为充分的保障。

在开筑直道方面，进一步便利了北部边防的军事交通。九原郡设立后，河南地区成为抗击匈奴的前进基地，加强九原同秦都咸阳之间的军事、政治、经济联系具有重大的战略意义。原来的驰道西通北地、陇西，北通上郡、云中，对于控制河南地区颇有迂远不便之处。因此，秦王嬴政三十五年（公元前212年）下令开筑一条从首都咸阳附近的云阳（今陕西淳化西北）直达九原的直道。这条道路全长当时为一千八百里，有了这条道路，一旦边防报警，秦军的战略机动部队即可从咸阳直赴九原郡。再加上修筑在西南边疆的"五尺道"，以及在今湖南、江西、广东、广西之间修筑的"新道"，就构成了以咸阳为中心的四通八达的道路网，并设有供传递政府文书的人中途休息、更换马匹的驿站。同时秦又规定车轮的间距为六尺，便利交通往来，促进了当时各地经济、文化交流，也有利于政令的通达、军队的调遣，以维护国家的统一。

秦始皇在巩固边防方面，做了一系列富有谋略的部署。其实，在北击匈奴的过程中，真正用于作战的时间前后不到两年，而击退匈奴之后修筑防御的过程相对漫长。在作战前后，为了建设北部边防所用的时间、人力、物力、财力等，都远远超过了作战本身的消耗，可以说是劳民伤财。秦始皇之所以苦心经营北部边防，其根本战略指导思想不是在于进攻，而是在于防御；不是要征服或消灭匈奴，而是要确保秦王朝的安全、统一和发展。

总之，在秦始皇时期，这些举措和谋略在开拓秦国疆域、巩固边防方面确实发挥了巨大的作用，也使得秦王朝有了短暂的安定时期。然而，这些耗费巨大的工程也使得国内百姓处在水深火热当中，为后来秦王朝的灭亡也埋下了伏笔。

收揽人心，平定百越

北方的形势基本得到缓和之后，南方的部分地区也开始发生动乱，这让秦始皇丝毫不敢懈怠。为了收揽人心，秦始皇又开始着手平定百越之地的战争。

越是我国古代东南部民族名。战国秦汉时期，越人分布地区很广，

"各有种姓"，各部杂居共处，互不统属，故又称为"百越"。"百越"，按当时的称谓举其著者，有东越（闽越、东瓯）、南越、西瓯、雒越等。百越各部分布虽广，却具有共同的民族特征。

他们的族名是共同的。从战国到两汉这一时期，百越部落有三个共同的族名称谓，即"越"、"骆"、"瓯"。"瓯"和"骆"是本族的自称，"越"是华夏给的名称。

他们有共同的居住区域。中国古代东南沿海，以至五岭以南和瓯江、闽江流域，都是百越分布地区。

他们还有本民族的语言，即所谓"越语"。刘向《说苑》记载有一段故事，说楚国有个王子泛舟于清波之中，听划桨的越族姑娘唱了一支歌。楚王子"召越译"翻译后，才懂得歌词的意义。可见越语不仅不同于中原华夏语言，也不同于邻近楚人的语言。

他们的经济生产相同，各部落都以种稻田为主，兼营渔猎或狩猎。在战国时，于越冶铸的青铜剑就很有名，其锋利能"穿铜釜，绝铁"。岭南地区的越人，则表现为铜鼓的制作。传世的大量铜鼓，其铸造之精、雕镂之美、图案之丰富，均世所罕见。自东汉以来，我国历史文献记载了铜鼓的使用、流传和出土情况。今出土铜鼓最多的地方是广西，已达500面以上。

春秋末期吴越争霸之际，越国崛起于东南，越名始为中原所知。他们主要分布于我国长江以南至大海之间的华南丘陵地区。按照今天的地理划分，华南丘陵地带系指江南丘陵、浙闽丘陵和两广丘陵构成的广大山地，以武夷山、罗霄山、雪峰山、南岭、大瑶山、九万大山、十万大山为主体山脉。该地气候炎热，环境潮湿，丛林密布，水量丰沛，江河纵横，不便车马，而利舟船。

以地理为界，百越大致可分为五部：于越、东越、闽越、南越、西瓯。于越指吴越旧地的居民，以绍兴平原为活动中心。东越和闽越指武夷山以东、今日浙南与福建的土著，东越以温州为中心，闽越以福建为主要活动区域，有时两者又混同。此三越主要活动在浙闽丘陵，即武夷山丘陵及沿海地区。南越和西瓯则以南岭为界，与中原不相往来。南岭由五岭构成，从东往西分别为大庾岭、骑田岭、萌渚岭、都庞岭、越城岭。五岭以南，为南越。越城岭、都庞岭往西，为西瓯（含骆越）。南越、西瓯大致等于今日广东、广西两省。还有学者把西瓯所属的骆越，划分于今日越南境内。

以地理为界严格区分于越、东越、闽越、南越、西瓯、骆越的所属关系，看起来整齐，但缺乏足够的证据。把百越直接分成三个部分，似乎要简洁一些：一是越国所在之越人，与中原交往频繁，一度还称霸中原，有学者称为于越；二是活动在武夷山丘陵的越人，主要集中于今日浙江南部和福建全省，分别称东越和闽越，有时可以互通，所以这里都称东越；三是活动在岭南的越人，以今日广东、广西两省为主，称南越（含西瓯）。

百越的历史贡献可谓巨大。百越所在的浙江余姚河姆渡，发现了7000年前的稻谷堆积，是稻谷的主要发源地。越人也制造了最早的船，先是独木舟，后是木板船。吴王夫差为了北上争霸，开运河沟通长江和淮河两大水系，所以越人又是京杭大运河的最早开凿者。秦、汉以后，百越与中原人民融合，成为汉族的重要部分。

为了保持岭南的稳定，秦始皇命进军岭南的将士留守当地"屯戍"。另外，还从中原向岭南地区大批移民。留守的将士和移民，除少数与中原移民女子结婚外，其余多娶越女为妻。他们为岭南地区带来了先进的文化和农业、手工业技术，为岭南的发展做出了重大的贡献。

秦平岭南的战争，是秦始皇统一中国战争的重要组成部分。它在历史上第一次正式将岭南纳入了中国的版图，使越族正式成为中华民族大家庭的一员。它对促进汉越民族的融合及岭南社会政治、经济和文化的发展都起着不可忽视的作用。

在秦始皇开疆扩土、奠定版图的过程中，平定百越的战争最为艰难。然而，战争的胜利也具有非凡的意义。

秦王嬴政二十五年（公元前222年），王翦灭楚，不仅征服越国故地，置会稽郡，也与南越发生军事接触。这部分越人，应该是岭北的越人。楚国所属的黔中、长沙、九江三郡，在长江以南、五岭以北，为楚人、越人杂处之地。王翦的任务是灭楚，当不会贸然深入五岭与南越作战。王翦所征的百越之君，是越国子孙及洞庭湖以南的越人，东越和南越不在其中。

秦始皇统一六国后，在北部取守势，派蒙恬驻防北地郡，戒备匈奴，在南方取攻势，集中五十万大军，兵分五路，齐并南下，欲一战而定两越。

根据当时复杂的形势，秦始皇以屠睢为统率，兵分五路，向南推进。一路在湖南靖县，二路在湖南宁远，三路在广州，四路在江西南康，五路在江西余干。一路由越城岭突进；二路从萌渚岭突进，分别借漓江、贺江之便，从北面、东面两个方向攻击进入广西；三路由骑田岭突进；四路由大庾岭突进，借连江、北江之便，从两个方向攻击进入广东，在广州汇合（第四路也可能包含有阻隔东越向南越逃窜的目的）；五路在江西余干，由信江东去，经江西鹰潭进入武夷山脉，沿闽江直入闽越腹地，攻取福州。

在进军的过程中，第五路进军似乎很顺利，没遇到什么困难，秦设闽中郡。就在这次军事胜利以后，对南越、西瓯的战斗却很艰难。战斗初期，秦军很快夺得河谷平川等战略要地。西瓯、南越各部，在秦军的猛烈攻击之下，纷纷溃散，最后退到了密林当中。然而，他们没有服输，也没有退却，很快就组织起来，依托有利地形，对秦军进行了顽强抗击，致使秦军三年不得解甲休息。

越人的抵抗意志如此顽强，这可能是秦始皇事先没有想到的，他所期待的速战速决没能实现。此时，由于战事延长，秦军的粮草运转也显得非常困难，这样一来，就使得战争陷入相持阶段。面对这样的形势，秦人想到了修建一条水渠，用来解决粮草供应和运输的办法。他们已经占领五岭南北各战略要地，也有条件来考虑水渠问题。于是，秦人开始修建著名的灵渠。在灵渠建造过程中，秦军与南越之间展开了更加激烈的较量。

西瓯的君长被秦军杀死，越人退入丛林之中，朝夕与禽兽相处，也不肯屈服。他们推选出新的首领，坚持战斗。《淮南子》粗略地描述了当时的情形，说越人采用夜间偷袭战术，不断骚扰秦军驻地，大败秦军，杀了屠睢，战局顿时发生了巨大的变化。统帅一死，军心涣散，越人趁机反攻，秦军只好退至五岭以北，所派地方官吏全遭越人杀害。

秦始皇得知这个信息十分震惊。不过，有了上次征讨匈奴的教训后，他决定不再召开廷议讨论。在这个危机的关头，秦始皇经过考虑，决定任命新的统帅，以领导幸存下来的军队。当时，灵渠还没有凿通，物资运转仍然困难，秦军对南越的战斗暂时转为守势。

然而，由于当时能征善战的王翦、王贲父子已死，蒙恬镇守北部边境监修长城，不能调动。所以，秦始皇在任命统帅的时候，很难找到一个能文能武，既能用兵又能安抚的人。思来想去，秦始皇突然想到了任嚣，虽然他对任嚣并不是特别了解，但是他认为，任嚣是挂帅征讨百越的最佳人选。因为任嚣是楚越边境上的人，熟知百越民族的习性。他随王翦灭楚，远至湘水和苍梧山之间，对那一带的地形非常熟悉。他担任九原郡守，配合蒙恬经略河南，收效极快。而且在魏庄，他曾以四千兵力从容攻击数万匈奴骑兵。于是，秦始皇紧急召回任嚣，命他负责经略百越之事。

接到任命，任嚣忧心忡忡，忧形于色。秦始皇感到很奇怪，问："任爱卿莫非有什么困难？"

"身为人臣，理应为人主分忧，虽万死不能辞，何况此次征越并非挟山超海般艰难，任务是可以完成的。"任嚣恭敬地回答说。

"既然如此，那任爱卿何以有难言之隐？"

"臣是在想蒙恬将军和王翦将军的事。"任嚣说。

"蒙恬和王翦与这件事有什么关系？"始皇问。

"蒙恬这次扫荡匈奴，只用了不到一年的时间就奏凯建功，王翦灭楚也不过三年，但屠睢征讨南越、西瓯前后用了十年时间，出动兵力多达五十万还是没有平定。"

"是啊，"秦始皇说，"朕也为此忧心不已，一度想过要放弃，但想到大秦的声威可能因此而丧失，又不敢放弃。任爱卿有什么看法，尽管说来。"

"臣之所以提到蒙恬和王翦建功如此之快，百越如此难以征服，乃是因为陛下的左右未分清事情的异同，却坚持用同样的手段。"

"依任卿之见，该如何处置。"

"灭楚是为了改朝换代，匈奴入侵秦国是侵略行为，当然可以用武力解决，但经营百越是我们占领别人的地盘，光靠武力是不行的。"任器注视着始皇，侃侃而论。

"任卿此去，有什么特别的做法？"秦始皇有些疑惑。

"臣有八字，不知能否生效，望陛下定夺。"

"哪八个字？"

"怀柔、优遇、教养、同化。"

"何谓怀柔？"秦始皇接着问。

"尽量不用武力，整顿军纪，不得纵军扰民，选贤任能，对欺压土著的地方官员以及贪污敲诈土著者处以重刑，内地移民不得歧视当地居民，多为该地区进行一些改善民生所需的建设，在起初阶段不要想从该地区得到多少回报。"

"如何优遇？"

"起用和培养当地官吏，铲除原有的黑恶势力，当地的特殊人才可推荐到朝廷或别郡为官，而且在初期对他们降格以求，破除当地人自认为是受压迫者的反抗心理。"

"教养呢？"

"派专吏为师，教导各种技艺及中原文化，也尊重土著原有的技艺和文化，有特别好的还可以介绍到中原来，不让当地人有中原文化驱逐当地文化和风俗习惯的感受，而是互相交流。"

"任爱卿的意思是要将百越人变为中原人！"始皇恍然大悟。

"要想彻底征服百越，同化是最有效的办法，而最好的同化手段就是通婚！"任嚣特别加重后面两个字。

"通婚？"秦始皇说，"中原人愿娶百越女子，百越女子又愿嫁到中原来吗？"

"开始可能会有困难，但只要经过长期教化杂处，在经济及风俗习惯互相融合后，男女相悦和通婚是很自然的事。而且我们还可以在政策上做文章，以此来推动配合此事。"

"什么政策？"秦始皇好奇地问。

"譬如说，大量选拔当地青年到中央或别郡做官，或者提高驻军待遇，让当地年轻人羡慕从军，当地青壮年男性一少，适婚女性人数必然增加，内地去的，不管是流放或有计划地移民实边，都以年轻男性为主，时间一长，自然而然地就会通婚。"

"此计甚妙！甚妙！"秦始皇笑着说。

"如此一来，若干年后，百越一带就无所谓华夏夷狄之分了，大秦的疆域将涵盖南海。"任嚣语重心长地说。

"任爱卿此去，有什么向朕要求的？"始皇又问。

"王翦将军伐楚，曾多要田园美宅以赢得陛下信任，臣此次前往百越之地，路途遥远，交通阻塞，很多地方需要便宜行事，还望陛下恩准。"

"这是应该的，朕授你全权行事。既然要怀柔，那就不能再以征讨的名义。朕任命你为南海尉，负责该地区的一切军政事宜。"

"谢陛下。"任嚣顿首谢恩。

秦始皇最后又问任嚣："任爱卿此去要带多少人马？"

"只带臣的家卒护卫和陛下的符节就够了。"任嚣微笑着说。

"就这些？"秦始皇简直不敢相信自己的耳朵。

随后，秦始皇调整了部署，决定采用新的南征谋略，也就是任嚣的建议。其主要内容就是"发谪戍以备之"，改变先前单纯的军事主义，把军事占领、移民实边和文化渗透结合起来，以求长久、稳固地统治南越地区。

秦始皇很清楚，在过去几年攻打南越中幸存的将士都有着丰富的作战经验，这样一来还是有胜算的。此时的秦军士气大振，战场上奋勇杀敌，战事节节推进，并且逐步攻占越人的山寨，掠取"陆梁地"，分置为桂林、象郡、南海三郡等。

这里所说的"陆梁地"，大概就是越人长期盘踞的山区丛林。灵渠修通以前，秦军后勤供应靠陆路运转，运输里程长，运送效率低，横穿五岭之时，还要处处提防越人的袭击。后勤没有保障，就无法远距离、大规模进军。于是，越人依托山区丛林以及惊人的耐力，"莫肯为秦虏"，对秦军做了最顽强的抵抗，陆梁地因此而得名。

在平定南越的战争中，秦始皇也采取了北击匈奴的一些举措。在军事占领的同时，也开始移民实边。秦王嬴政三十三年（公元前214年），略定陆梁地、分置三郡以后，秦始皇谪遣一批囚徒来守南越，但数目不详。这批囚徒，加上原有驻军，还有重新招募的士卒，总共有五十万人，除少部分原来的士卒以外，都是犯了罪的百姓，所以大都在岭南定居下来。秦王嬴政三十四年（前213年），又有一批人被遣送过来戍边。这一批人，成分特殊，是秦始皇的官场成员，因为渎职、贪污或别的罪名而被判刑。秦王嬴政三十五年（公元前212年），"益发谪徙边"。这一批人，成分不清楚，数量也不清楚，去向无外乎北边的长城和南边的瓯、越。这些人移居到南越来，中间还有不少知识分子，自然就把中原的生活方式、语言、书籍、物种、律令等带过来了，中原的文化就在荒僻的南越扎下了根。而南越的肥沃土地，也能给秦王朝以显著的经济支持。这一点，在两汉及南北朝的经济发展过程中，得到了充分的证实。

经过两年的努力，任嚣平定了南越和西瓯，直到任嚣病死前，越人再也没有反叛秦朝。秦朝末年，天下纷乱，南越也割据自立。但到汉武帝时，由于政治和经济的原因，南越终于融入华夏，成为汉族的一部分。